CATALOGUE

DES LIVRES & BROCHURES

DE LA

BIBLIOTHÈQUE BAROTTE

PRÉCÉDÉ D'UNE

NOTICE BIOGRAPHIQUE

D'EXTRAITS DE SON TESTAMENT

ET DE DOCUMENTS OFFICIELS

PUBLIÉ

En vertu d'une délibération du Conseil général de la Haute-Marne, en date du 25 août 1882.

CHAUMONT
TYPOGRAPHIE ET LITHOGRAPHIE CAVANIOL

1883

[illegible]

[illegible]

CATALOGUE

DE

LA BIBLIOTHÈQUE BAROTTE

CATALOGUE

DES LIVRES ET BROCHURES COMPOSANT LA PREMIÈRE PARTIE

DE LA

BIBLIOTHÈQUE BAROTTE

EN PRÉPARATION :

1° Le Catalogue de la deuxième partie, qui se composera des titres et papiers. — Archives intéressantes pour l'histoire des communes, des familles et des anciennes juridictions de la Haute-Marne.

2° Le Catalogue de la troisième partie, qui comprendra les albums, gravures, dessins, portraits, photographies, vues, etc.

3° Les tables alphabétiques pour toutes ces collections : 1° des noms d'auteurs ; 2° des noms de lieux ; 3° des matières ; 4° des noms de personnes auxquelles les ouvrages se rapportent.

CATALOGUE

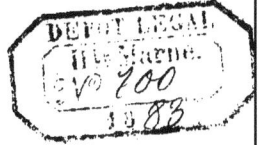

DES LIVRES & BROCHURES

DE LA

BIBLIOTHÈQUE BAROTTE

PRÉCÉDÉ D'UNE

NOTICE BIOGRAPHIQUE

D'EXTRAITS DE SON TESTAMENT

ET DE DOCUMENTS OFFICIELS

PUBLIÉ

En vertu d'une délibération du Conseil général de la Haute-Marne, en date du 25 août 1882.

CHAUMONT
TYPOGRAPHIE ET LITHOGRAPHIE CAVANIOL
1883

NOTICE BIOGRAPHIQUE

Le 4 mars 1878, une cérémonie funèbre réunissait plus de mille personnes dans le village de Brachay. Celui dont les obsèques avaient attiré une telle affluence n'était cependant pas un de ces hauts personnages que suivent jusqu'à la tombe les honneurs officiels. Le drap mortuaire était constellé de médailles agricoles, mais elles étaient accompagnées seulement par les modestes palmes académiques que dédaignent les ambitieux et qu'envient tous ceux qui poursuivent la tâche d'élever les esprits à un niveau supérieur.

« Ceux qui s'intéressent activement à l'éducation publique, a dit un écrivain célèbre, sont les bienfaiteurs de leur pays. »

C'en était un, en effet, que cette foule consternée conduisait à sa dernière demeure, Jules Barotte, dont le nom fut pour tous les partis, synonyme de dévouement, d'abnégation, de travail infatigable. Nous reproduisons les paroles éloquentes, émues, qui ont été prononcées sur sa tombe, au nom de ses amis, de ses collègues et de ses compagnons d'armes. Ces discours forment le meilleur résumé de sa vie. Elle ne comporte pas les récits animés d'une carrière aventureuse. Elle s'écoula presque tout entière dans la Haute-Marne, où Jules Barotte était revenu à 24 ans, en 1848, sur le désir de son père. Il sortait de l'Ecole des Arts et Manufactures, y ayant puisé le goût des sciences auxquelles il s'adonna tout entier, quand la mort de sa jeune femme, après quelques mois de mariage, le laissa seul et désespéré.

La Géologie l'attirait principalement. Un autre savant de la Haute-Marne, M. Royer, unit ses travaux aux siens. Leur collaboration dura plus de cinq années et aboutit à l'établissement de la carte géologique remarquable, qui porte leurs noms, et dont les exemplaires, malheureusement trop peu nombreux, devraient orner toutes les écoles de notre département. Une notice accompagne cette Carte, mais elle devait être suivie d'un ouvrage important qui n'a pas été publié, et qui est le complément de ce grand travail.

Ce fut dans les innombrables excursions nécessitées par ces études (elles portaient sur cinq cent cinquante communes), que M. Barotte forma la collection géologique qu'il donna au département.

Les mêmes circonstances servirent son amour des livres, car chez lui le savant n'excluait pas l'érudit, et la Haute-Marne n'eut peut-être jamais, au point de vue historique, de plus persévérant investigateur. Il réunissait livres, gravures, portraits, autographes. Il étendit bientôt des acquisitions aux pièces rares et chères. Ainsi se forma cette collection dont ce premier catalogue ne donne qu'une idée incomplète; car plus de deux mille dessins, gravures, autographes, parchemins et titres ne s'y trouvent point compris.

On trouvera plus loin, dans un des documents qui précèdent le Catalogue, un aperçu de ces richesses. (Session d'avril 1882, p. XXXIV). Toutefois, ces collections si précieuses et qui lui coûtèrent tant de recherches, ne furent que la distraction de sa vie; elle fut occupée surtout par sa noble passion pour l'instruction et pour l'agriculture; l'une et l'autre, dans son esprit, se tenaient par des liens qu'il voulut fortifier. Il prit une large part à la rédaction d'un catéchisme agricole, maintenant répandu dans presque toutes nos écoles. M. Barotte engageait incessamment les instituteurs à entrer dans la voie de l'enseignement agricole, et nulle part l'initiative ne fut prise plus vigoureusement que dans la Haute-Marne. Les récompenses décernées par la Société des agriculteurs en font preuve, alors que l'enseignement de l'agriculture n'avait pas encore acquis le caractère officiel que lui a donné une récente loi.

M. Barotte fut donc un propagateur, — c'est, à notre avis, le mot qui rend le mieux le rôle qu'il a rempli, ou, pour mieux dire, le devoir qu'il voulut accomplir et qui s'agrandit constamment pour lui. On le réclamait, en effet, dans toutes les commissions qui concernent l'instruction publique. L'agriculture lui imposait également des occupations de plus en plus nombreuses, mais il donnait, sans compter son temps, ses soins et sa fortune à tout ce qui pouvait développer ces germes précieux d'où naissent chez les enfants le désir de conquérir par le travail une place au soleil meilleure et plus élevée; cette place, il la voulait au foyer paternel, aux champs rendus plus fertiles, au village dont le séjour monotone s'éclairerait de toutes les lumières que les sciences et les lettres peuvent y apporter.

Nous voudrions que dans une biographie complète et détaillée, il fut possible de réunir ses travaux ; il faudrait les chercher parmi ceux des commissions où on faisait appel à son activité et à son zèle, dans lesquelles presque toujours il tenait la plume de secrétaire et rédigeait les rapports. Une haute autorité agricole nous permet de croire que, plus soucieux de sa personnalité, il eut, dans un ouvrage de longue haleine, fait preuve des qualités dont profitaient les associations auxquelles il apportait une part si large de travail et de talent. Voici ce qu'écrivait M. Tisserand, maintenant Directeur de l'Agriculture :

« Vous me demandez quels sont les services agricoles de notre pauvre et regretté ami Barotte. Sa carrière agricole a été, comme toute sa vie, toute de dévouement. L'Etat a eu sa large part, comme le Département, comme les particuliers petits et grands ; partout où il y a eu un service à rendre, un intérêt agricole à défendre, Barotte a toujours été là.

« Dans mes fonctions, j'ai eu affaire à bien des hommes ; eh bien, je n'en ai trouvé aucun ayant plus de zéle, plus de dévouement, présentant un caractère plus aimable, plus bienveillant. Jamais je n'ai rencontré juge plus impartial, prenant plus à cœur ses fonctions, d'un jugement plus sûr et d'un esprit plus élevé.

« Pendant quinze ans il a fait partie des commissions ministérielles chargées d'attribuer la prime d'honneur dans la région ; jamais son zèle ne s'est démenti. Parfois souffrant déjà de la maladie qui nous l'a cruellement enlevé, Barotte ne se plaignait cependant jamais : il était le premier à l'œuvre et le dernier à quitter le terrain.

« Ses rapports sur la prime d'honneur et en particulier ceux de la Côte-d'Or et celui des Vosges constituent des œuvres remarquables. Barotte s'y est montré avec son cœur et son profond savoir; jamais une critique amère n'est sortie de sa plume ni de sa bouche ; il savait présenter la vérité d'une façon aimable, convaincante et se plaçait toujours à un point de vue élevé.

« Que vous dirai-je encore que vous ne sachiez ? C'est Barotte qui a le plus concouru à relever et à encourager l'agriculture de la Haute-Marne. C'est grâce à son initiative que la Société d'agriculture de Wassy a été fondée, suivie de près par les Sociétés de Langres et de Chaumont. C'est Barotte qui a organisé le Congrès agricole départemental de la Haute-Marne en 1873. La création de la chaire d'agriculture, celle de l'ecole de Saint-Bon lui sont encore dues; on peut dire que nulle grande œuvre agricole n'a été faite sans lui, sans sa coopération active. Je dois encore lui faire hommage du remarquable concours de moissonneuses qu'il a organisé avec un succès sans égal à Saint-Dizier.

« J'allais obtenir du Gouvernement la juste récompense de tant de services, quand il a été enlevé à la fois à notre affection et à la reconnaissance du pays..... »

Cette récompense, Barotte aurait pu l'obtenir à plus d'un titre; ce savant dévolu aux paisibles occupations d'une existence provinciale, était en même temps un soldat. En 1848, ses concitoyens l'avaient élu chef de bataillon et il était parti à leur tête pour réprimer l'insurrection de Juin. Vingt-deux ans après, il retrouvait l'élan de sa jeunesse pour résister à l'invasion prussienne. Il enrégimentait une compagnie de francs-tireurs et la menait à l'ennemi; dans un rapport qu'a bien voulu nous communiquer son ami, M. Horace Gillet, M. Barotte a lui-même écrit l'histoire de cette compagnie qui a porté son nom. Avec sa modestie ordinaire, le capitaine s'est constamment oublié pour ne parler que de ses compagnons d'armes. En apprenant son projet, les volontaires en grand nombre étaient venus se ranger autour de lui, et il lui était impossible de satisfaire à toutes les demandes. La compagnie compta d'abord 59 hommes, puis 68 et ensuite 85.

Organisée en septembre et mise à la disposition des autorités militaires, elle allait en octobre jusque dans la Meuse occupée par les Prussiens, faire sauter le tunnel de Mauvages; la garnison prussienne de Ligny se mit à sa poursuite, mais les bois de la Haute-Marne étaient pour les francs-tireurs des refuges où leurs ennemis n'osaient pas se hasarder.

Cette expédition et plusieurs autres semblables n'étaient point ce qu'avaient demandé les volontaires et leur chef quand ils s'étaient armés contre les Prussiens. M. Barotte éprouva de cruels mécomptes; hâtons-nous de dire qu'ils n'étaient dus ni aux officiers, ni aux soldats. Des ordres supérieurs réduisaient la compagnie à des rôles secondaires et la fatalité qui semblait s'attacher à toutes nos entreprises militaires les plus humbles comme les plus grandes, s'étendit également sur la petite troupe dont on ne sut pas ou dont on ne voulut pas utiliser l'ardeur. La compagnie Barotte dut obéir et ne put se jeter, comme elle l'eut voulu, dans la guerre d'embuscades et d'aventures pour laquelle elle avait été créée. Elle prit, au mois de septembre, le nom d'Éclaireurs de la place de Langres et fit de nombreuses et dangereuses reconnaissances. Elle était à Nogent au mois d'octobre et elle quitta avec désespoir cette ville qu'on faisait évacuer par les sept compagnies qui l'occupaient, au moment où elle était le plus menacée. La population de Nogent fut dans la consternation et les Prussiens ne tardèrent pas à profiter de cet abandon pour exercer leurs sauvages représailles.

La compagnie fut également en ligne au combat de Longeau, mais elle fut immobilisée dans un poste où elle ne put engager le feu. Quelques jours plus tard à Champigny, elle fut chargée de faire une diversion aux attaques des Prussiens sur Bannes et Neuilly-l'Evêque. Elle soutint une journée entière le feu de l'ennemi à qui elle causa des pertes sensibles, garantie qu'elle était par le rempart naturel d'une voie romaine. Ainsi, sous Constance Chlore, les antiques murailles avaient, dit-on, protégé les fils des Lingons, contre les barbares Germains.

La Compagnie fut, dans le mois de janvier, affectée au service de la place, elle fut dissoute en mars. Ses hommes avaient fait preuve non-seulement de courage, mais d'un esprit d'ordre et de discipline qu'ils avaient puisé dans la direction à la fois paternelle et sévère de leur chef.

M. Barotte qui avait eu l'initiative de cette patriotique résistance, avait déployé, comme toujours, les qualités de dévouement et de désintéressement qui caractérisent et honorent sa vie.

On voit combien elle fut dominée par l'esprit d'abnégation et de sacrifice. Il ne craignait pas de l'exposer dans les combats, de l'user dans les travaux. — « A peine incomplètement guéri d'une grave maladie dont il fut atteint en 1875, dit un de ses parents et amis, M. le Docteur Reverchon, à l'excellente notice duquel nous avons fait plus d'un emprunt, M. Barotte reprit ses laborieuses habitudes.

Malgré les souffrances qu'il éprouve encore, il veut remplir avec zèle les nombreuses fonctions que lui imposent la confiance et l'estime publiques. Barotte était :

Conseiller d'arrondissement, membre de la société des agriculteurs de France ; secrétaire de la société d'agriculture de Vassy ; président du comice agricole du canton de Doulevant ; membre de la société géologique de France ; membre du jury des concours régionaux agricoles de la région de l'Est ; membre du comité de surveillance et de perfectionnement de l'école pratique d'agriculture de Saint-Bon ; membre de la commission d'examen du volontariat ; membre de la délégation cantonale du canton de Doulevant ; etc., etc.

Barotte accomplissait un travail au-dessus de ses forces. Ne tenant aucun compte des supplications de ses amis, qui le conjuraient de prendre un repos indispensable, il a été au-devant de la mort ; Barotte ne la redoutait pas, et quand on la lui montrait menaçante il répondait qu'elle était préférable au *repos forcé*, prescrit par ses médecins. Je ne puis pas, disait-il, abandonner le travail. Je ne veux point me séparer de ce fidèle, de ce constant compagnon qui m'a aidé à supporter les épreuves de la vie, et qui, je l'espère, ne me quittera qu'au moment de ma mort... Ce désir a été exaucé par Dieu. Barotte venait de terminer une lettre, quand une apoplexie pulmonaire le fit succomber instantanément, le 1er mars 1878, à 7 heures du soir.

La lecture des dispositions testamentaires en vertu desquelles a été fondée la bibliothèque Barotte, fera complètement connaître celui dont elle porte le nom. Le donateur s'y est révélé tout entier. Les historiens futurs de notre département devront à l'intelligente générosité de notre compatriote les plus précieux documents, livres, gravures, autographes réunis dans la vaste salle où Barotte a demandé qu'ils fussent placés. De plus, le but qu'il s'était proposé s'accomplit : sa libéralité trouve des imitateurs et des volumes en grand nombre viennent s'ajouter aux siens. — Déjà aussi on a pu attribuer le prix qu'il a fondé ; grâce à lui, des actes de dévouement ont été mis en lumière et proposés en exemple. Ainsi se justifient les prévisions des amis qui disaient si justement sur sa tombe, « les hommes comme Barotte ne meurent pas tout entier et ils n'ont pas ensemencé en vain la terre féconde de notre pays. »

Le Secrétaire de la Commission départementale,

H. DE MONTROL.

DISCOURS

prononcés sur la tombe de M. Jules Barotte.

Discours de M. Robert-Dehault, sénateur.

Messieurs,

Près de cette tombe si prématurément ouverte, je ne veux vous faire entendre d'autres paroles que celles qui me sont inspirées par un profond chagrin.

Je pourrais cependant vous dire la jeunesse de Barotte, ses études sérieuses, ses connaissances approfondies dans les sciences, vous rappeler ce qu'il a fait dans l'âge mûr, les services nombreux qu'il a rendus à notre département, pendant la guerre désastreuse de 1870, mais tout cela est encore présent à votre esprit ; d'autres, plus autorisés, vous diront d'ailleurs ses travaux, ses mérites.

Je pourrais aussi parler de ses opinions. Dieu me garde de soulever ici des questions politiques. Permettez-moi seulement de vous dire que sa haute raison, son patriotisme ardent en faisaient un partisan éclairé des idées libérales.

Mais je préfère, Messieurs, vous faire entendre la voix d'un ami.

C'est qu'en effet, depuis plus de 40 années, je connaissais Barotte. Dès nos plus jeunes ans, nous étions unis par une étroite amitié qui ne s'est jamais démentie. Séparés par les évènements de la vie, nous sommes demeurés constamment liés par cette sympathie, cette affection confiante qui résiste à tout, même à une longue absence.

Combien de fois n'ai-je pas reçu ses confidences intimes ! Combien de fois n'ai-je pas été à même de constater ses nobles sentiments !

Ah ! Messieurs, Barotte était par excellence l'homme de bien, l'homme de cœur !

Frappé, hélas ! bien jeune encore dans ses plus tendres affections, mais doué heureusement d'une nature énergique, il se donna tout entier à une vie de labeur et de dévouement, il ne se laissa décourager ni par la fatigue, ni par des obstacles que d'autres eussent trouvés insurmontables, ni même, par la maladie ; il suivit sans dévier jamais, la ligne de conduite qu'il s'était tracée jusqu'à ce qu'enfin, victime d'un excès de travail, la mort le surprit à un âge où il espérait rendre encore tant de services.

Vous avez tous connu sa modestie, Messieurs ; qui de nous ne l'a vu dans ces réunions agricoles dont il était l'organisateur, auxquelles il communiquait le feu de ses ardentes convictions ; il y prenait la première place et disparaissait sans bruit une fois son œuvre terminée. Si son nom était prononcé dans ces fêtes du travail, des applaudissements spontanés éclataient de toute part ; il fallait lui faire en quelque sorte violence pour l'empêcher de se dérober à ces triomphes si mérités.

Il parcourait en tous sens nos contrées de l'Est, et ne rencontrait partout que des amis. En pouvait-il être autrement et quel autre sentiment pouvait-on éprouver en présence de tant d'honnêteté, de modestie et de dévouement !

Quel est celui à qui il n'a pas rendu service ? A qui a-t-il refusé le concours de ses lumières et de sa vive intelligence ? Aussi voyons-nous autour de cette tombe qui va se fermer pour toujours, tant d'amis affligés, tant de sommités, venues pour lui rendre un dernier hommage. Certes, ce n'est pas un devoir banal qui nous amène ici ; mais bien le besoin de donner un suprême témoignage d'affection et d'estime à un ami sûr, à un homme de bien.

Hélas ! Les décrets de la Providence sont inexorables. De cet homme qui, frappé de bonne heure, sut se relever avec vaillance et consacrer sa vie au bien de tous, il ne reste qu'une dépouille muette et insensible. Gardons au moins dans nos cœurs le souvenir impérissable de ses vertus et de ses exemples.

Si, en ce moment, une pensée pouvait nous donner quelque consolation, ce serait celle que des hommes comme Barotte ne meurent pas tout entiers. Le champ qu'ils ont semé est d'une terre féconde. Il y a dans notre noble pays de France des cœurs qui comprennent toutes les vertus, tous les dévouements et qui cherchent à les imiter. Barotte a formé dans notre jeunesse de bons élèves ; ils le suivront dans cette voie où il laisse une trace si pleine encore de ce souffle de sa vie, qu'il savait communiquer à toutes choses. Pour sa gloire et pour la leur, souhaitons qu'il revive en eux.

Adieu donc, cher Barotte, la mort t'a enlevé à tes nombreux amis ; tu vivras toujours dans leur mémoire !

Discours de M. le vicomte de Hédouville, Président de la Société d'Agriculture de Wassy.

MESSIEURS,

Avant de quitter cette tombe où vont reposer à jamais les restes mortels d'un homme que nous avons tous aimé, laissez-moi, au nom de l'agriculture de notre département, et en particulier au nom de la société d'agriculture de Wassy, vous retracer quelques-unes des qualités de celui que nous pleurons.

Depuis longtemps, Messieurs, M. Barotte, ayant laissé de côté toute idée de fortune ou d'ambition, s'occupait presque uniquement des intérêts agricoles de notre pays. On le rencontrait partout où il y avait un acte de dévouement à accomplir, un travail à exécuter. Vous l'avez vu infatigable dans les concours régionaux, dans nos concours plus modestes, dans nos réunions, aux examens des instituteurs et du volontariat ; toujours c'était le même homme dont la devise semblait être : *devouement*, *travail*.

Membre des jurys régionaux, il a su plusieurs fois faire apprécier par les hommes les plus compétents son coup d'œil, son savoir, la clarté et l'élégance de son style.

C'est à lui que nous devons la publication du catéchisme agricole, ainsi que la rédaction d'une bonne partie de cet excellent ouvrage.

C'est lui qui a conçu l'idée de grouper dans chacun de nos arrondissements, les amis de l'agriculture, pour former ces sociétés qui, quoique créées depuis peu, ont déjà produit de si grands résultats. Que de peines lui a coûtées celle de Wassy en particulier, tant au moment de son organisation que depuis cette époque, surtout au moment des concours dont il était l'âme !

Aussi, Messieurs, nous croyons être votre interprète en disant bien haut : Que la mort de M. Barotte est une perte immense pour notre pays, et un deuil pour le département.

Nous n'avons pas mission de vous parler des services rendus par M. Barotte durant la terrible lutte de 1870 ; nous espérons que quelqu'un voudra bien les retracer en temps et lieu, et nous faire connaître le soldat, aussi courageux en face du danger et durant la guerre, que le citoyen était laborieux et ardent au travail pendant la paix.

M. Barotte s'est beaucoup occupé aussi de l'instruction des enfants de son canton. Secrétaire de la délégation cantonale, il remplissait ces fonctions aussi modestes qu'utiles, avec le dévouement qu'il mettait à toutes les choses qu'il entreprenait.

Nous avions été heureux de le féliciter au moment où il avait reçu *tardivement* une distinction honorifique (1), qu'il avait vingt fois méritée ; mais nous avons regretté qu'on ne lui ait pas donné une récompense plus élevée. Nous aurions voulu voir briller sur sa poitrine la croix qui lui était due pour les services signalés qu'il a rendus durant sa trop courte vie (2).

Messieurs, un dernier mot ; confident de M. Barotte, nous lui avons souvent entendu exprimer des paroles de respect pour la Religion et les croyances les plus fermes à une vie meilleure. Nous avons la confiance que la divine Providence lui a tenu compte de ses profondes convictions et qu'Elle récompensera le bien fait par notre ami, sa vie laborieuse et dévouée, et les bons exemples qu'il nous a donnés.

Promettons, Messieurs, en face de cette tombe, d'imiter M. Barotte et de continuer, dans la mesure de nos forces, les œuvres qu'il a si bien commencées.

---

(1) Les palmes d'officier d'académie.

(2) Nous avons appris, après avoir écrit ces lignes, que M. Barotte était proposé pour la décoration et qu'il aurait reçu prochainement la croix.

Discours de M. Frotté, Président du Comice agricole de Nogent.

Messieurs,

Devant cette tombe si prématurément ouverte et qui bientôt va se refermer pour toujours, comment exprimer les sentiments de douleur qui nous oppressent ?

A nous, Messieurs, qui avons connu et avons suivi dans tous ses travaux celui dont nous accompagnons ici les restes mortels, il nous paraît impossible de faire ressortir à leur juste valeur toutes les qualités de notre ami si cher et si infiniment regretté, M. Jules Barotte !

Qu'il s'agisse de patriotisme, d'abnégation, de dévouement ; qu'il s'agisse de travailler sans trève ni merci pour servir les intérêts de la science, de l'industrie et surtout de l'agriculture, nous trouvons M. Jules Barotte, partout, toujours prêt à être utile et à mettre au service de tous et de chacun les connaissances multiples, l'aménité et le désintéressement qui hélas ! pendant sa trop courte carrière, mais si bien remplie, ont fait de lui le modèle de l'homme de bien.

Nous ne chercherons pas à énumérer tous les titres de celui que nous pleurons ; des voix plus autorisées que la nôtre vous les ont fait connaître ; mais notre rôle et notre devoir à nous, ses anciens amis et modestes collaborateurs dans une partie de sa tâche, c'est de rendre un suprême et dernier hommage à l'homme de bien, au bon conseiller, au protecteur bienveillant, au cœur généreux de l'ami dévoué que nous venons de perdre.

Adieu ! Cher Barotte ! Adieu ! l'exemple que tu nous a donné ne sera pas perdu car nous, tes amis, tant par reconnaissance que par souvenir, nous ferons tous nos efforts pour faire fructifier le bon grain que tu as semé.

Adieu ! Adieu Barotte ! Puisse cette terre sur laquelle tu as été si utile, et rendu tant de services, t'être légère.

Au nom de l'humanité : Adieu !

Discours de M. Paquot, ancien franc-tireur.

Messieurs,

Et nous aussi, anciens soldats de sa compagnie, nous sentons le besoin de dire un dernier mot d'adieu à notre cher capitaine.

Nous qui avons eu le bonheur d'avoir à notre tête un chef si patriotique et si bon, nous sommes heureux, en ce jour de deuil, de témoigner à tous, qu'il apporta dans la formation et dans la direction de sa chère compagnie toute la sollicitude et tout le dévouement éclairé dont il était capable.

Il fut le père de chacun de nous.

Qu'il reçoive ici un dernier témoignage d'une affection qui ne s'effacera jamais !

EXTRAIT

DU

TESTAMENT DE M. Jules BAROTTE

Du 25 Mars 1875.

« Je soussigné, François-Jules Barotte, propriétaire, « demeurant à Brachay, canton de Doulevant (Haute- « Marne), étant sain d'esprit, j'ai fait, écrit en entier de « ma main et signé mon présent testament de la ma- « nière et ainsi qu'il suit :

« J'institue pour mon exécuteur testamentaire mon ami « Edouard Gillet, actuellement maire de la ville de Join- « ville. Je le prie de vouloir bien accepter ces fonctions « et je le charge de veiller à la stricte exécution des dis- « positions qui suivent, lui conférant pendant une année « la saisine de mes biens, etc., etc.

Plus loin on lit :

« J'entends que la partie de ma succession qui restera « libre lorsque tous les legs particuliers dont il va être « parlé ci-après, auront été remplis et tous les droits « que ces mêmes legs particuliers auront à payer quel « qu'en soit la nature, auront été acquittés, soit partagée « de la manière et ainsi qu'il suit entre mes héritiers « naturels, etc., etc.

Plus loin on lit ce qui suit :

« Je divise mes legs particuliers en trois catégories :

« 1° Legs de bon souvenir ou d'amitié ;
« 2° Legs de reconnaissance pour services rendus ;
« 3° Legs de bienfaisance et de charité ou d'intérêt « général.

« Chacune de ces trois catégories va former un para- « graphe particulier dont le détail suit :

3e *paragraphe.* — LEGS DE BIENFAISANCE ET DE CHARITÉ OU D'INTÉRÊT PUBLIC.

« Je donne et lègue à titre de legs de bienfaisance et « de charité ou d'intérêt public :

« 1° Au bureau de bienfaisance de la ville de Vassy, « ma ville natale, une somme de dix mille francs qui « seront placés en rente sur l'Etat et dont le revenu an- « nuel sera par lui employé à l'accomplissement du « mandat qu'il a à remplir.

« 2° Aux trois orphelinats Haut-Marnais, de Courcelles- « sur-Aujon, de Villegusien et de Plongerot, chacun une « somme de quinze mille francs, sans conditions d'em- « ploi imposé aux directeurs et fondateurs desdits éta- « blissements.

« 3° Au bureau de bienfaisance de la commune de « Brachay, une somme de deux mille francs, à placer en « rentes sur l'Etat et dont le revenu annuel servira au « soulagement des pauvres de la commune.

« 4° A la fabrique de l'église de Brachay, une somme « de douze cent cinquante francs, en capital, qui devra « être placée en rentes sur l'Etat, pour le revenu annuel « être touché par elle. Ce legs est fait à la condition que « chaque année, dans le courant du mois de décembre, « une grande messe de *Requiem* sera dite dans ladite « église de Brachay aux frais de la dite fabrique, pour « le repos de l'âme des membres de ma famille décédés « et enterrés à Brachay.

« 5° A la commune de Brachay, mon petit bois de la
« vallée Jean-Claude, au territoire de Brachay, et conte-
« nant un hectare cinquante ares environ.

« 6° A la même commune de Brachay, une somme de
« six cent cinquante francs de rentes sur l'Etat. Le capital
« de cette somme sera placé en rentes sur l'Etat, par les
« soins de mon exécuteur testamentaire.

« Cette rente est destinée, savoir :

« Celle de six cents francs, à payer annuellement et
« par trimestre, le traitement des deux sœurs que la
« congrégation des sœurs de la Providence de Langres
« fournit à la commune de Brachay, etc., etc.

« Et en celle de cinquante francs, pour servir annuelle-
« ment et être dépensée exclusivement à l'entretien et
« à l'amélioration et si nécessaire à l'augmentation du
« mobilier des sœurs.

« Ce legs, en régularisant la donation anonyme faite
« par moi en 1857, délivra la communauté de Langres
« de sa responsabilité vis-à-vis de la commune de Bra-
« chay.

« 7° A la même commune de Brachay, une somme de
« huit cents francs, pour l'établissement et la création
« chez les sœurs d'une petite pharmacie communale.

« 8° A la même commune de Brachay, une somme de
« cinq cents francs, pour l'augmentation de sa petite
« bibliothèque communale.

« 9° A l'hospice de la ville de Joinville (Haute-Marne),
« une somme de quatorze mille francs, en capital, à la
« charge par lui de créer et entretenir un lit, qu'il tien-
« dra constamment à la disposition de la commune de
« Brachay, pour ses pauvres malades ou indigents inva-
« lides. En aucune circonstance et sous quelque pré-
« texte que ce soit, ledit hospice ne pourra refuser
« l'occupation de ce lit à la commune de Brachay.

« 10° Au département de la Haute-Marne, une somme

« de cinq mille francs, en rentes sur l'Etat, qui, par les « soins de mon exécuteur testamentaire, sera dans l'an- « née qui suivra mon décès, placée en rentes sur l'Etat « et immatriculée au nom du département, et dont le « revenu sera tous les deux ans donné en prix à l'au- « teur de l'acte de dévouement le plus remarquable qui « se sera accompli dans le département.

« 11° A la société archéologique de Langres, une « somme de cinq mille francs, qui, par les soins de mon « exécuteur testamentaire, sera, dans l'année qui suivra « mon décès, placée en rentes sur l'Etat, et immatriculée « au nom de la dite société. Le revenu de tous les quatre « ans, soit mille francs, sera réuni et servira pour la dite « société, à décerner un prix au meilleur travail histori- « que ou archéologique sur le département, qui aura « été publié ou se sera produit durant les quatre années « qui viendront de s'écouler.

« Je n'impose aucune condition à la société archéolo- « gique de Langres au sujet de ce legs. Néanmoins, « comme je voudrais que ce prix, par son importance, « fit naître des travaux sérieux, je désirerais qu'il ne fut « pas scindé.

« 12° A la société géologique de France dont le siège « est à Paris, rue des Grands-Augustins, n° 7, la somme « de douze mille francs, en capital. Cette somme sera « placée par la dite société en rentes sur l'Etat, et son « revenu sera employé par elle à accorder des secours à « ceux de ses membres qui pourraient se trouver dans « un véritable besoin. Je désire que ce legs soit un noyau « d'une caisse de secours pour ceux des membres de la « société qui pourraient avoir besoin d'y recourir. Qu'il « soit ou non donné satisfaction à ce désir exprimé, « l'emploi de cette rente sera entièrement à la disposition « du conseil d'administration de la société géologique, « qui ne sera pas obligé d'en rendre compte à la société.

« Je laisse audit conseil la faculté d'employer le produit
« de cette rente à secourir des membres, des anciens
« membres, ou des veuves et orphelins d'anciens mem-
« bres de la société. Dans le cas où certaines années il
« n'y aurait pas lieu à donner une destination à cette
« rente, elle serait alors capitalisée.

« 13° A la société centrale d'agriculture de France,
« dont le siège est à Paris, une somme de cinq cents
« francs, en rentes sur l'Etat, dont le revenu annuel an-
« nulé pendant sept ans, constituerait un prix de trois
« mille cinq cents francs, lequel sera décerné par ladite
« société centrale d'agriculture, à l'auteur de la décou-
« verte ou de l'invention la plus importante et la plus
« profitable à l'agriculture.

« 14° A la société d'agriculture de l'arrondissement de
« Vassy, la partie de ma bibliothèque qui traite de l'agri-
« culture et qui se trouve sur le palier de mon premier
« étage, ainsi que tous les ouvrages que j'ai en ce mo-
« ment à la reliure chez M. Lorette, relieur à Langres.

« Dans le cas où, à un jour donné, il y aurait fusion
« des trois sociétés d'agriculture de la Haute-Marne, ma
« bibliothèque que je donne aujourd'hui à la société
« de Vassy, retournerait à celles des trois sociétés réu-
« nies.

« 15° A la société archéologique de Langres, les livres
« renfermés dans celle des vitrines supérieures de mon
« grand meuble de bibliothèque qui est la plus proche
« du petit cabinet de ma bibliothèque.

« Cette vitrine renferme mes ouvrages sur l'archéo-
« logie, le moyen-âge et les quatre provinces desquelles
« est sorti le département de la Haute-Marne.

« Je donne également à la société archéologique de
« Langres, mes deux collections incomplètes des con-
« grès scientifiques et des congrès archéologiques qui
« se trouvent dans le bas des deux autres meubles de la

« bibliothèque de mon cabinet ; ainsi que la collection « des annales de la société d'émulation des Vosges qui « se trouve dans le placard de l'anti-chambre de ma bi- « bliothèque, en face la vitrine d'armes.

« 16° A la bibliothèque de la ville de Chaumont, tous « les ouvrages de science que renferme la bibliothèque « située dans le cabinet entre la fenêtre et la cheminée, « après avoir préalablement retiré de ce meuble, ce qui « doit faire l'objet du legs de M. Tisserand ainsi que le con- « grès scientifique de France offert à la société de Langres. « — Des atlas géologiques qui se trouvent dans la vi- « trine qui forme sous-bassement ouest de ma table de « travail, doivent être remis aux ouvrages offerts à la « bibliothèque de la ville de Chaumont.

« 17° Au département de la Haute-Marne, ma biblio- « thèque concernant le département, contenue dans les « vitrines du grand meuble de ma bibliothèque, la hui- « tième appartenant, en legs, à la société archéologique « de Langres. — Cette collection haut-marnaise, que je « donne au département, comprend non-seulement les « sept vitrines dont il vient d'être parlé, mais encore tout « le contenu d'un meuble qui est à la maison commune « de Brachay, dans le logement de M. Gaucher, institu- « teur à Brachay, et enfin, près de deux cents volumes « qui sont en ce moment à la reliure à Paris, chez M. Du- « pré, rue Sainte-Anne à Paris. Ces derniers devront être « reliés avant d'être remis en la possession du départe- « ment, et ce aux frais de ma succession.

« Je supplie le conseil général de ne pas dédaigner ce « don. La collection qui en fait l'objet devait renfermer « non-seulement tout ce qui concerne l'histoire locale, « mais encore tous les auteurs haut-marnais. Très avan- « cée déjà, elle est très importante, et si elle demande « que quelques sacrifices soient faits dans l'avenir pour « être rendue complète, elle ne demande pas moins au-

« jourd'hui que de sages précautions soient prises pour
« sa conservation.

« 18° Au département, une somme de trois mille francs,
« destinée à la construction d'un meuble vitré devant
« renfermer la collection dont il est question en l'arti-
« cle 17 qui précède.

« Je désire que le plan de ce meuble soit donné par
« un bibliophile, que son exécution soit confiée à un
« ouvrier capable, et qu'il soit placé si possible, avec
« son contenu, dans la petite salle qui tient à la grande
« salle du conseil général, et qui sert, je crois, aux
« séances de la commission départementale perma-
« nente.

« 19° Dans le meuble qui est en face la porte d'entrée
« de ma bibliothèque, l'une des vitrines du bas renferme
« cinq tiroirs. Dans ces cinq tiroirs se trouvent des dou-
« bles de ma collection d'histoire sur la Haute-Marne. Je
« demande que ces doubles soient renfermés dans une
« caisse et expédiés à frère Asclépiade de Moulins, qui
« les acceptera avec le cœur qui dicte ce legs.

« 20° Enfin, tous les livres dont je n'aurais pas dis-
« posé par les présentes, je les donne à mon jeune ami
« Horace Gillet de Joinville.

« Il existe dans plusieurs armoires et sur plusieurs
« points de mon habitation, des livres qui restent à clas-
« ser dans les différentes parties de ma bibliothèque.
« Je demande que ce classement soit opéré avec soin
« par Horace Gillet, avant que la distribution des legs qui
« se composent des différentes parties de ma bibliothè-
« que ne soit faite. Je désire aussi que, avant la distri-
« bution des legs formés par ma bibliothèque, un ex-
« libris en mon nom soit placé par les soins du même
« Horace Gillet, sur tous les livres, cartes, gravures,
« manuscrits et autres objets du même genre qui
« entrent dans la composition de cette bibliothèque.

« Toutes difficultés qui pourraient subvenir au sujet « des legs formés par ma bibliothèque, seront tran- « chées d'une manière souveraine par mon exécuteur « testamentaire.

« Enfin et pour terminer ce troisième paragraphe de « mes legs, je déclare donner au musée de Chaumont « mes collections de géologie et de conchiologie. »

Dans d'autres paragraphes de son testament, M. Barotte fait un grand nombre de legs, dons, et laisse des souvenirs à ses parents, amis et serviteurs.

« DISPOSITIONS GÉNÉRALES ET FINALES.

« Tous les droits tant de mutation dus à l'Etat, que « ceux d'exécution de mon testament, scellés, inven- « taires, honoraires du notaire dépositaire, délivrance « de legs et généralement tous les droits ou frais quel- « conques, occasionnés par l'ouverture de ma succes- « sion et l'exécution des dispositions contenues dans « mon testament, seront à la charge de ma succession, « de telle manière qu'aucun de mes légataires particu- « liers n'ait à supporter aucun frais.

« Fait, clos et signé à Brachay, en ma demeure, le « jeudi vingt-cinq mars mil huit cent soixante-quinze. « — Signé : J. Barotte.

« Signé et paraphé *ne varietur*, par nous juge sup- « pléant, faisant fonction de président, pour le magis- « trat et les deux juges titulaires empêchés, et par le « commis-greffier nous assistant au désir de notre pro- « cès-verbal de description, en date de ce jour.

« A Vassy, le deux mars mil huit cent soixante-dix- « huit. — Signé : J. Verry et Pathiot.

« Mis au rang des minutes de Me Constant-Emile Pis-
« sot, notaire à Doulevant-le-Château, du testament
« olographe de M. Jules Barotte, à la date du deux mars
« mil huit cent soixante-dix-huit. — Signé : PISSOT.

Ensuite est écrit.

« Enregistré à Doulevant, le onze mars mil huit cent
« soixante-dix-huit, f° 37, r° 1, reçu sept francs cinquante
« centimes, décimes, un franc quatre-vingt-huit cen-
« times. — Signé : FRAMPAS.

« Il est ainsi en l'original du testament olographe de
« M. Jules Barotte, ci-dessus transcrit figurément pour
« extrait, déposé pour minute à Me Pissot, notaire à
« Doulevant-le-Château, soussigné, par ordonnance de
« M. le Président du tribunal de première instance de
« Wassy, contenue en son procès-verbal d'ouverture et
« de description dudit testament, dressé en la chambre
« du conseil de ce tribunal, le deux mars mil huit cent
« soixante-dix-huit, et dont une expédition est demeurée
« avec l'original du testament, en la possession dudit
« Me Pissot, notaire.

« Signé : PISSOT. »

En marge est écrit :

« Vu par nous, juge de paix du canton de Doule-
« vant-le-Château, pour légalisation de la signature de
« Me Pissot, notaire à Doulevant-le-Château, apposée ci-
« contre.

« Doulevant-le-Château, le vingt-huit juin mil huit cent
« soixante-dix-huit. — Signé : P. MALLARD. »

[illegible]

[illegible]

[illegible]

[illegible]

[illegible]

[illegible]

[illegible]

[illegible]

[illegible]

[illegible]

DOCUMENTS OFFICIELS

Extrait des rapports présentés par M. Lagarde, préfet, au Conseil général du département de la Haute-Marne.

SESSION D'AOUT 1878-1879.

Legs de M. Barotte au département.

Par son testament olographe du 25 mars 1875, M. Barotte, décédé le 1er mars 1878, à Brachay, a légué, entre autres libéralités publiques considérables, au département de la Haute-Marne :

1° Une somme de 5,000 fr. à placer en rentes sur l'Etat et dont les revenus cumulés doivent être distribués en prix tous les deux ans à l'auteur de l'acte de dévouement le plus remarquable accompli dans le département ;

2° Une très-précieuse collection d'ouvrages remontant aussi loin que possible dans le passé, des publicistes haut-marnais de tous ordres et sur l'histoire locale ;

3° Une somme de 3,000 fr., destinée à la construction d'une bibliothèque vitrée devant renfermer les volumes reliés avec soin qui composent la très-rare collection léguée.

Les héritiers de M. Barotte ont donné leur consentement pur et simple à la délivrance de ces libéralités et cette délivrance doit être opérée par l'exécuteur testamentaire aux frais de la succession du testateur. Je ne saurais donc que vous prier de vouloir bien autoriser l'acceptation de ce legs aux charges et conditions insérées au testament.

Mais à raison de la nature des diverses libéralités faites à plusieurs établissements publics de la Haute-Marne, par M. Barotte, c'est au Gouvernement qu'il appartient de statuer définitivement, par une décision unique, sur l'ensemble des legs, en vertu du principe de connexité établi par l'avis du conseil d'Etat du 27 décembre 1855.

Je n'ai pas cru devoir, pour ce motif, soumettre dès à présent, à votre examen, les combinaisons nécessaires pour assurer l'exécution définitive des volontés du testateur. Je me réserve de vous faire à cette fin, pendant la session d'avril, alors qu'une autorisation régulière sera intervenue, telles observations qu'il y aura lieu. Mais rien ne vous empêche d'accueillir aujourd'hui, comme vous le jugerez bon, la libéralité importante de M. Barotte. Ce filial souvenir d'un homme de bien dont la vie a été consacrée à tout ce qui intéresse l'amélioration morale et matérielle du sort de ses concitoyens, qu'il aimait et auxquels il donnait avec bonheur le plus complet et le plus généreux dévouement, ne saurait vous trouver indifférents et insensibles. Vous tiendrez tous à honneur en l'acceptant au nom du pays, de rendre un sympathique et légitime hommage de gratitude à la mémoire d'un des plus estimables enfants de la Haute-Marne, dont la mort prématurée a été un malheur public.

Extrait des procès-verbaux des délibérations du Conseil général du département de la Haute-Marne.

SESSION D'AOUT 1878-1879.

Legs Barotte au département.

M. NOBLE lit, au nom de la première Commission, le rapport suivant :

RAPPORT DE LA COMMISSION.

« MESSIEURS,

« Le 1er mars dernier est mort prématurément à Brachay, canton de Doulevant, un homme de bien que plusieurs d'entre vous ont connu et aimé, M. François-Jules Barotte, agronome et savant distingué, l'un des auteurs de la carte géologique de la Haute-Marne.

« Entre autres libéralités publiques, M. Barotte a fait en faveur de notre département, par son testament olographe en date du 22 mars 1875, des dispositions que nous tenons à vous faire connaître textuellement :

Extrait du testament de M. Jules Barotte, propriétaire à Brachay.

« Je donne et lègue, à titre de legs de bienfaisance et de « charité ou d'intérêt public :

« 1° Au département de la Haute-Marne, une somme de « cinq mille francs en rentes sur l'Etat, qui, par les soins de « mon exécuteur testamentaire sera, dans l'année qui suivra « mon décès, placée en rentes sur l'Etat et immatriculée au « nom du département et dont le revenu sera tous les deux « ans donné en prix à l'auteur de l'acte de dévouement le plus « remarquable qui sera accompli dans le département.

« 2° Au département de la Haute-Marne, ma bibliothèque « concernant le département, contenue dans les sept vitrines « du grand meuble de ma bibliothèque. Cette collection haut- « marnaise que je donne au département, comprend non-seu- « lement les sept vitrines dont il vient d'être parlé, mais en- « core tout le conteuu d'un meuble qui est à la maison com- « mune de Brachay, dans le logement de M. Gaucher, insti- « tuteur à Brachay, et enfin près de deux cents volumes et « brochures qui en ce moment sont à la reliure chez « M. Dupré, rue Sainte-Anne, à Paris. Ces derniers devront « être reliés avant d'être mis en la possession du département « et ce aux frais de ma succession.

« Je supplie le Conseil général de ne pas dédaigner ce don. « La collection qui en fait l'objet devrait renfermer non-seule- « ment tout ce qui concerne l'histoire locale, mais encore tous « les auteurs haut-marnais. Très avancée déjà, elle est très « importante, et si elle demande que quelques sacrifices soient « faits dans l'avenir pour être rendue complète, elle ne de- « mande pas moins aujourd'hui que de sages précautions « soient prises pour sa conservation.

« 3° Au département, une somme de trois mille francs des- « tinée à la construction d'un meuble vitré devant renfermer « la collection dont il est question en l'article 2 qui précède.

« Je désire que le plan de ce meuble soit donné par un bi- « bliophile, que son exécution soit confiée à un ouvrier capa- « ble et qu'il soit placé si possible, avec son contenu, dans la « petite salle qui tient à la grande salle du Conseil général et « qui sert, je crois, aux séances de la Commission départe- « mentale permanente.

« Il existe dans plusieurs armoires et sur plusieurs points « de mon habitation, des livres qui restent à classer dans les « différentes parties de ma bibliothèque. Je demande que ce « classement soit opéré avec soin par Horace Gillet, avant « que la distribution des legs qui se composent des différen- « tes parties de ma bibliothèque ne soit faite.

« Je désire aussi qu'avant la distribution des legs formés « par ma bibliothèque, un ex libris en mon nom soit placé, « par les soins du même Horace Gillet, sur tous les livres, « cartes, gravures, manuscrits et autres objets du même genre « qui entrent dans la composition de cette bibliothèque.

« Toutes les difficultés qui pourraient subvenir au sujet des « legs formés par ma bibliothèque, seront tranchées d'une « manière souveraine par mon exécuteur testamentaire. »

« M. Barotte était veuf et sans enfants. Ses héritiers, par acte notarié du 29 avril dernier, ont consenti à l'exécution pure et simple de son testament. Rien ne s'oppose donc à ce que la libéralité faite au département puisse recevoir son effet. Mais M. Barotte a fait aussi des legs considérables à plusieurs établissements publics de la Haute-Marne que vous encouragez, chaque année, par des subventions. A raison de cette circonstance, M. le Préfet nous fait savoir que c'est au Gouvernement qu'il appartient de statuer définitivement par une décision unique sur l'ensemble des legs, en vertu de ce principe de connexité établi par un avis du Conseil d'Etat en date du 27 décembre 1855.

« Pourtant, Messieurs, nous pensons que vous voudrez, sans plus tarder, déclarer que le Conseil général de la Haute-Marne accepte avec reconnaissance ce filial et généreux souvenir d'un de nos meilleurs citoyens, qui aimait passionnément son pays qu'il a courageusement défendu dans les jours néfastes que nous avons eu à traverser, dévoué à toutes les œuvres utiles, dont tous les actes, dont toutes les pensées (son testament en est un témoignage éclatant) ont toujours eu pour mobile le bien public.

« M. le Préfet nous soumettra à la prochaine session les combinaisons nécessaires pour l'exécution définitive des volontés du testateur; mais, dès aujourd'hui, Messieurs, nous vous proposons de décider que, pour rendre hommage à la mémoire de notre regretté compatriote et perpétuer le souvenir de sa libéralité, la salle de cet hôtel ou sera placé le meuble devant renfermer la collection précieuse qui nous est léguée portera le nom de *salle Barotte*. »

DISCUSSION.

M. MOUGEOT : M. Barotte a prévu la dépense qui serait à faire pour placer les livres par lui légués au département dans les meilleures conditions d'installation et de conservation. Nous prierons M. le Préfet d'assurer, sous ce rapport les dernières volontés du testateur.

M. RONOT : Bien entendu, quand le Conseil d'Etat nous aura autorisés à accepter le legs.

DÉLIBÉRATION.

Les conclusions du rapport de la première Commission, mises aux voix, sont adoptées à l'unanimité, et le Conseil déclare accepter avec reconnaissance la très importante libéralité faite au département par M. Jules Barotte.

Arrêté de M. le Préfet de la Haute-Marne autorisant le département à accepter les legs qui lui sont faits par M. Jules Barotte (9 juin 1879).

« Le Préfet de la Haute-Marne,

« Vu le testament olographe en date du 25 mars 1875, par lequel M. Barotte (François-Jules), décédé, propriétaire à Brachay, a légué au département de la Haute-Marne :

« 1° Une somme principale de 5,000 francs, dont les arrérages annuels seront affectés tous les deux ans à la récompense de l'acte de dévouement le plus remarquable qui sera accompli dans le département et dont le placement sera opéré par les soins de l'exécuteur testamentaire ;

« 2° Une collection de divers ouvrages se rapportant à l'histoire locale et aux auteurs haut-marnais.

« 3° Une somme principale de 3,000 francs, destinée à pourvoir aux frais de la construction d'un meuble vitré, devant renfermer la collection désignée ci-dessus ;

« Vu l'acte du 1er mars 1878, constatant le décès de M. Barotte (François-Jules);

« Vu l'acte passé le 29 avril 1878, par devant Me Pissot, notaire à Doulevant, portant consentement de la part des héritiers de M. Barotte, à la délivrance des legs faits par leur parent;

« Vu l'avis de M. le Sous-Préfet de Vassy, en date du 2 août 1878;

« Vu la délibération prise par le Conseil général dans sa séance du 23 août 1878, contenant acceptation au nom du département, des libéralités faites à cet établissement par M. Barotte;

« Vu le décret du 10 août 1871,

Arrête :

« Article 1er. — Le département de la Haute-Marne est définitivement autorisé à accepter, aux clauses, charges et conditions imposées par le testateur, les legs qui lui sont faits par M. Barotte (François-Jules), en son vivant propriétaire à Brachay, suivant testament olographe, en date du 25 mars 1875.

« Article 2. — Ampliation du présent arrêté sera adressé à M. Edouard Gillet, propriétaire à Joinville, avec invitation de prendre, en sa qualité d'exécuteur testamentaire de M. Barotte, les dispositions nécessaires pour mettre le département en possession des titres, valeurs et objets mobiliers qui lui sont dus par la succession de M. Barotte.

« Article 3. — M. le Trésorier-Payeur général du département est chargé, en ce qui le concerne, d'assurer l'exécution du présent arrêté.

« Signé : Lagarde. »

Extrait du rapport du Conservateur des Archives du département de la Haute-Marne, à M. le Préfet (10 juillet 1880).

Dons et legs.

La bibliothèque léguée au département de la Haute-Marne, par M. Barotte, de Brachay, en vertu de son testament, en date du 25 mars 1875, est fort remarquable, non-seulement par le luxe et la solidité de la reliure des volumes et plaquettes qui la composent, mais encore par la valeur, la rareté et l'utilité de certains ouvrages intéressant l'histoire générale, celle du département, des communes et des familles. En un mot, cette bibliothèque est une véritable richesse pour le département.

Le legs dont il s'agit ayant été accepté, il nous restait à en dresser un catalogue descriptif et analytique qui permît de rechercher facilement chaque ouvrage.

1° Analyser chaque volume dans l'ordre qui lui a été affecté par le donateur ou ses ayants droit.

2° Faire suivre le travail d'analyse qui est tout spécial par des tables raisonnées et dressées par ordre alphabétique : 1° des noms des communes ; 2° des noms des personnes auxquelles les ouvrages se rapportent ; 3° des noms d'auteurs ; 4° des matières.

3° Chaque article inséré dans les tables, sera suivi du numéro d'ordre sous lequel il aura été inscrit au catalogue.

Pour que la bibliothèque Barotte put conserver tout l'intérêt qu'elle présente, il conviendrait de continuer les collections et d'y placer les ouvrages publiés sur la Haute-Marne, ou par des auteurs de ce département.

La dépense annuelle pour cet objet ne serait pas considérable, et il est à espérer que le Conseil général ne vous refuserait pas le crédit nécessaire, etc.........

Extrait des procès-verbaux des délibérations du Conseil général du département de la Haute-Marne.

SESSION D'AVRIL 1881.

Catalogue de la Bibliothèque Barotte.

M. Linet, lit au nom de la quatrième Commission, le rapport suivant :

« Messieurs,

« Conformément au désir exprimé dans votre dernière session, M. Collin, conservateur de nos archives, a dressé le catalogue de la bibliothèque léguée au département par M. Barotte.

« Vous savez, Messieurs, combien elle est remarquable par la valeur des ouvrages, particulièrement des documents historiques qui concernent nos localités.

La reliure est très-soignée et même luxueuse. Elle consiste presque entièrement en demi-reliures chevreau d'excellente qualité.

« Le nombre total des ouvrages ou volumes numérotés, y compris les paquets de journaux ou brochures est de 2,516 (1,526 articles).

« M. Collin a établi le catalogue général dans l'ordre alphabétique. Il a ainsi suivi la méthode le plus à la portée de tout le monde pour les recherches et la plus ordinairement suivie pour la plupart des bibliothèques, c'est-à-dire celles qui ne comprennent pas plus de 10,000 ouvrages.

Extrait des procès-verbaux des délibérations du Conseil général du département de la Haute-Marne.

SESSION D'AVRIL 1882.

Bibliothèque Barotte.

M. DE MONTROL lit, au nom de la quatrième Commission, le rapport suivant :

« Messieurs,

« D'après une décision de la quatrième Commission, décision approuvée par vous, un de ses membres avait été chargé de vérifier, de concert avec l'exécuteur testamentaire de M. Jules Barotte, le classement des ouvrages et la rédaction du catalogue de cette bibliothèque. S'il importe d'en mettre le plus tôt possible les richesses à la disposition du public, il n'importe pas moins de prendre toutes les précautions qu'exige la conservation d'une collection si rare et si précieuse pour l'histoire départementale.

« Cette collection rassemble en effet des documents qu'il faudrait chercher dans plus d'une de nos bibliothèques publiques, et il en est qu'on ne trouverait dans aucune. Nous ne pourrions sans forcer les dimensions du cadre ordinaire de nos rapports, faire une énumération des pièces rares que l'histoire recherche ou que l'amateur admire ; nous croyons cependant utile, pour vous faire apprécier, Messieurs, la valeur de la bibliothèque, de mentionner les documents les plus importants. Vous y rencontrerez, indépendamment des livres sur l'histoire générale de la province et du département, de très nombreux ouvrages sur l'agriculture, par exemple le bulletin de la société agricole de l'an X, où l'on remarque tant de vieux noms de la Haute-Marne ; plusieurs descendants de ces anciennes familles siègent dans cette salle, et retrouveraient leurs aïeux parmi les sociétaires représentants, officieux ou officiels de l'agriculture.

« La série des almanachs, celle des annuaires est des plus intéressante; les premiers forment l'histoire populaire et familière du département, les autres plus sérieux nous font assister aux transformations successives des rouages administratifs et judiciaires de l'ancienne province, puis du département qui en est sorti.

« La série des journaux nous offre de rares collections et notamment ces volumes du journal politique littéraire et d'annonces qui fut le premier et, pendant longtemps, le seul de la Haute-Marne, heureux journal, sans contradicteur, où l'on célébrait tour à tour, le triomphe des aigles et le retour des lys, et dans lequel le même administrateur qui venait d'inviter les haut-marnais à se rallier autour d'un roi pacifique, les engageait, quelques jours après, à reprendre *avec ivresse les couleurs tricolores*, et à fèter le retour de Napoléon.

« C'est sur les villes et sur les villages haut-marnais que se sont surtout exercées les recherches et la patience de notre regretté compatriote. Il n'y a pas moins de 80 volumes ou plaquettes sur Chaumont, autant sur Langres, 60 sur Joinville parmi lesquelles un précieux manuscrit de M. Fériel communiqué à M. Firmin Didot et dont celui-ci s'est servi pour la plus belle édition du livre sur saint Louis.

« Nous possédons ainsi maintenant les plus précieux documents sur nos cités haut-marnaises et même sur celles des environs ; ainsi Lamothe, la petite et redoutable forteresse lorraine dont notre territoire possède les ruines, Lamothe a sa monographie presque complète, dans des ouvrages extrêmement recherchés. Il en est de même des cartes, elles sont nombreuses, quelques-unes sont très anciennes, et c'est une des parties les plus curieuses de la collection, que la reproduction des antiques enceintes de nos villes agrandies, ou celles des châteaux forts maintenant ruinés, ou transformés, signalons notamment les documents sur le Châtelet, cette ville Gauloise qu'un savant avait exhumée déjà au siècle dernier, et qu'une regrettable négligence a laissé de nouveau s'ensevelir.

« Nous n'avons pas moins d'ouvrages sur les hommes illustres de la Haute-Marne, leurs œuvres pour la plupart, puis ce qu'on a écrit sur eux et sur ces œuvres mêmes, ainsi Joinville ; Jeanne d'Arc, l'héroïne nationale, mais qui est bien nôtre par son origine, fille de nos champs, et du vieux sang champenois ; la famille des Guises, que concernent trente-cinq ouvrages au nombre desquels il est des raretés de grand prix. Parmi nos artistes, Bouchardon, Devienne, etc. Parmi nos savants, Walferdin ; nos inventeurs, Lebon, à qui la France doit une statue ; nos littérateurs, Diderot, qui attend encore la sienne ; nos peintres, Pernot, mort naguère, et qui a laissé sur la Haute-Marne d'innombrables croquis ; Gabriel Peignot, l'érudit, dont tous les livres sont de plus en plus recherchés et payés de plus en plus cher par les bibliophiles ; en un mot toutes nos gloires haut-marnaises dont nous trouvons les ouvrages et les portraits, car il ne faut pas l'oublier, la bibliothèque ne comprend pas seulement plus de quinze cents volumes ou plaquettes, mais encore plus de deux cents portraits de ces mêmes célébrités ; ceux des ducs de Lorraine, de Désessarts, de Diderot, de la Marquise du Châtelet ; l'illustre Emilie de Voltaire, ont entre autres une grande valeur.

« Les livres et les portraits explorés, nous avons encore les dessins, les vues de la Haute-Marne, et il y en a cinq cents environ, des scènes historiques représentant des faits relatifs à la Haute-Marne.

« Les autographes, au nombre de 200 environ, parmi lesquels il en est des Guise, de nombreuses lettres de nos représentants et de nos administrateurs. Enfin une masse de titres, plus de deux mille concernent les communes et les particuliers, viennent clore cette collection unique. J'oubliais encore les affiches et placards des évêques, gouverneurs, magistrats, préfets, les uns datant de deux siècles, les autres d'il y a quelques années : réunion curieuse, mettant pour ainsi dire en relief la différence des temps et la contradiction des régimes si nombreux qu'il nous est arrivé de choisir ou de subir, mais presque toujours de briser. Nous en avons là les morceaux, feuilles légères qui survivent à tant d'impératives ordonnances basées sur la force et la durée des gouvernements.

« Ce long exposé, cependant bien incomplet, nous amène à nous rendre compte de la valeur de cette collection remarquable, dont le département a été légataire et pour laquelle nous devons tant de gratitude à la mémoire de l'homme qui l'a pendant trente ans péniblement formée pour la laisser ensuite à son pays. La reconnaissance nous imposait donc, Messieurs, de suivre avec le plus scrupuleux respect les intentions du testateur dont nous recueillons l'important héritage bibliographique. Elles nous étaient indiquées par son testament même et par les commencements de ses catalogues interrompus par la mort. Son exécuteur testamentaire les avait continués dans le même ordre et il a bien voulu les mettre à la disposition du Conseil général. Ils ont passé sous les yeux de la Commission, elle a reconnu combien nous avons à remercier M. Gillet, l'auteur de ces œuvres de patience et d'érudition qui seront utilisées avec les travaux importants de notre archiviste.

« M. Collin avait déjà, quand ce catalogue nous a été communiqué, dressé et terminé le sien avec le soin scrupuleux qu'il apporte en toute chose. Non seulement il avait suivi l'ordre adopté par le testateur, mais pour faciliter encore les recherches il a annexé au catalogue principal, trois autres supplémentaires :

« La table des noms d'auteurs ;

« La table des noms de lieux ;

« La table des noms de personnes, auxquels les ouvrages se rapportent.

« M. Collin a eu jusqu'à présent le soin de cette bibliothèque, et la pensée des services qu'elle peut rendre l'a entraîné à des travaux sur lesquels nous ne pouvons trop attirer l'attention et la bienveillance du Conseil général.

« Grâce à ces nombreux matériaux, nous sommes donc maintenant en mesure d'imprimer le catalogue de la bibliothèque et de la mettre, même avant cette publication, à la disposition du public Haut-Marnais dans la mesure que comporte la place qu'occupe la bibliothèque dans l'hôtel de la Préfecture, et les précautions usitées pour tous les ouvrages dont la rareté commande la plus rigoureuse surveillance.

« Vous savez en effet, Messieurs, que c'est par la volonté de M. Barotte que ces livres sont placés dans la salle de la Commission départementale. Ce n'est pas un lieu public et l'entrée n'en peut être libre, mais il faut que les ouvrages puissent être librement consultés et c'est par la diffusion des catalogues que nous espérons attirer les historiens et les Haut-Marnais curieux de connaître non-seulement les faits de leur pays, mais aussi les points obscurs et ignorés de son histoire. Si le Conseil général nous approuve, des catalogues seront envoyés à toutes les bibliothèques des villes et des chefs-lieux de canton de notre département, ainsi qu'aux grandes bibliothèques de Paris et à celles des principales villes de la Champagne. On saura ainsi chez nous et autour de nous, quels livres contient la bibliothèque Barotte. Pour les consulter, il est nécessaire qu'un règlement intervienne.

« M. le Préfet a désiré qu'il fût arrêté, de concert avec le Conseil général, nous avons l'honneur de vous en soumettre le projet :

PRÉFECTURE DE LA HAUTE-MARNE

BIBLIOTHÈQUE BAROTTE

Règlement particulier.

« Le Préfet de la Haute-Marne,

« Vu la délibération du Conseil général du 25 août 1882 ;

Arrête :

Art. 1er. — Les livres de la bibliothèque léguée au département de la Haute-Marne, par M. Jules Barotte, seront communiqués au public, tous les jeudis de 9 heures à 11 heures du matin, sur une autorisation accordée par nous.

« Art. 2. — Les clefs du meuble sont sous la surveillance de l'employé autorisé à cet effet.

« Art. 3. — La communication des livres aux particuliers aura lieu sans frais, mais seulement au bureau, en présence du bibliothécaire, de manière qu'aucune soustraction ou altération ne puisse être commise.

« Art. 4. — En général, on ne doit communiquer qu'un ouvrage à la fois.

« ART. 5. — Il sera tenu un registre d'ordre sur lequel on inscrira :

« 1° La date de la communication ;

« 2° Les noms, qualités et domicile du demandeur ;

« 3° L'analyse de l'ouvrage ;

« 4° Le numéro du volume correspondant à celui du catalogue.

« ART. 6. — Le Secrétaire général de la Préfecture est chargé de l'exécution du présent règlement.

« En terminant ce rapport, nous ne pouvons nous empêcher, Messieurs, de formuler un vœu. La bibliothèque Barotte n'était, dans les idées du donateur, qu'un noyau pour la formation d'une bibliothèque historique départementale dont il avait recueilli les plus importants documents, mais il en reste encore qu'on peut ajouter, et chaque jour surgissent de nouveaux éléments ; des auteurs entreprennent, continuent le travail inépuisable de l'histoire. L'exemple de M. Barotte ne restera pas isolé et nous sommes persuadés que des amis de la Haute-Marne aimeront à joindre leur part, petite ou grande. à cette remarquable collection départementale. Ils y seront encouragés par la sollicitude que le Conseil général voudra certainement témoigner pour l'achèvement de l'œuvre commencée. Votre quatrième Commission vous soumet donc, avec le règlement sus-visé, dont elle demande l'approbation, les conclusions suivantes :

« Le catalogue de la bibliothèque Barotte sera publié conformément aux indications du testateur, tiré à mille exemplaires et distribué conformément aux conclusions du rapport.

« Aucun exemplaire n'en sera distribué sans l'autorisation du Conseil général ou de la Commission départementale.

« La publication de ce catalogue est c nfiée au conservateur de la bibliothèque, sous la direction d'une Commission de trois membres nommés par le Conseil général.

« Le conservateur est chargé du soin matériel des livres et documents de la bibliothèque Barotte et de ceux qui peuvent y être adjoints ; de la communication des livres au public.

« Le conservateur sera nommé par M. le Préfet, sur la proposition du Conseil général.

« La quatrième Commission propose au Conseil général,

comme bibliothécaire, M. Collin, auquel elle exprime, pour les soins particuliers et les travaux importants qu'il a consacrés à la collection et aux catalogues, son entière satisfaction. »

DÉLIBÉRATION.

Les conclusions du rapport de la Commission, mises aux voix, sont adoptées dans leur ensemble.

Extrait du rapport du Conservateur des Archives du département de la Haute-Marne, à M. le Préfet (15 juin 1882).

Bibliothèque historique départementale.

Dans des rapports précédents (1880 et 1881), je fis remarquer, par une simple appréciation, toute l'importance que pouvait avoir la bibliothèque léguée au département, par M. Jules Barotte, de Brachay, non-seulement en ce qui concerne les riches collections de livres et plaquettes, d'albums, de gravures, portraits, vues, photographies, dessins, autographes, etc., etc.; mais encore par un grand nombre de titres et papiers, se rapportant à des communes et à des familles haut-marnaises.

Le Conseil général, dans sa séance du 20 avril dernier, ayant décidé que le catalogue des livres composant la bibliothèque Barotte serait imprimé à 1,000 exemplaires et que les ouvrages dont il s'agit seraient communiqués au public, on pourrait, je crois, commencer dès maintenant l'impression du catalogue et la communication des livres aux particuliers.

Non-seulement le don fait au département par M. Jules Barotte est une œuvre réalisée de la plus haute importance, il est aussi un précédent qui aura des imitateurs.

C'est ainsi que, le 23 mai dernier, M. Arthur Daguin, membre de plusieurs sociétés savantes, demeurant à Paris, m'a communiqué le désir qu'il aurait d'offrir au département de la Haute-Marne, une collection de volumes qui, je le crois, pourraient trouver place dans le meuble qui se trouve à côté de la bibliothèque Barotte.

M. Daguin m'a transmis une première liste des ouvrages

qu'il tient à la disposition du Conseil général, dans le cas de l'acceptation ; elle se compose de 166 brochures intéressant le département ou les familles haut-marnaises et qui n'existent pas dans la bibliothèque Barotte, etc.....

Extrait des procès-verbaux des délibérations du Conseil général du département de la Haute-Marne.

SESSION D'AOUT 1882-1883.

Bibliothèque Barotte.

M. DE MONTROL, au nom de la quatrième Commission, donne lecture du rapport suivant :

« MESSIEURS,

« Les communications administratives qui ont été faites au sujet de la bibliothèque Barotte ont déjà attiré l'attention sur cette importante collection, qu'augmente déjà les dons faits par plusieurs de nos compatriotes, M. le vicomte de Hédouville, M. Lescuyer, de Saint-Dizier, et M. Arthur Daguin, de Nogent. Le rapport de M. l'archiviste nous fait connaître que M. Daguin veut bien mettre à notre disposition plus de 500 ouvrages ou brochures sur la Haute-Marne ; votre quatrième Commission vous propose de les accepter et de remercier notre jeune et laborieux compatriote, à qui le département doit déjà de nombreux travaux. La Commission départementale pourrait également, si vous le jugez convenable, accepter les ouvrages qui peuvent être offerts au Conseil général ; elle pourrait aussi déterminer le nombre des exemplaires du catalogue qu'il convient de distribuer. »

DÉLIBÉRATION.

Les conclusions du rapport de la quatrième Commission, mises aux voix, sont adoptées.

CATALOGUE

DES

LIVRES DE LA BIBLIOTHÈQUE BAROTTE

1. **Administration départementale de la Haute-Marne** (Arrêtés et délibérations de l'). Chaumont, 1794 à 1800, 10 vol. petit in-4°, rel. veau.

   Ces documents émanent des préfets, sous-préfets et autres administrations du département.

   Les volumes des années postérieures à 1800 sont inscrits sous les n°s 1430, 1431 et 1432.

2. **Abailard.**— Notice sur le bréviaire conservé à la bibliothèque de Chaumont. J. CARNANDET, Paris, 1855, 1 vol. petit in-4°, rel. veau.

3. **Agriculture**. — La culture alterne, semi-pastorale devant l'enquête agricole. — Notice par DAUVÉ. Chaumont, 1866, 1 vol. in-8°, rel. veau.

4. **Agriculture**. — Considérations sur la crise agricole exposées à la commission d'enquête du canton de Vignory, par L. ROLLAND, directeur de la colonie de Saint-Bon. Vassy, 1866, 1 vol. petit in-4°, rel. veau.

5. **Agriculture.** — La crise agricole, par J. Barotte. Vassy, 1866, 1 vol. petit in-4°, rel. veau.

6. **Agriculture.** — Enquête agricole, 14e circonscription, Haute-Marne, Côte-d'Or, Saône-et-Loire. Paris, 1867, 1 vol. in-4°, rel. veau.

7. **Agriculture.** — La question chevaline au point de vue des intérêts du département de la Haute-Marne. Rapports par MM. Martin et Liégeard. Saint-Dizier, 1872, 1 vol. in-8°, rel. veau.

8. **Catéchisme agricole** (le) destiné aux écoles primaires et aux classes d'adultes. Langres, 1872, 1 vol. in-12, rel. veau.

9. **Agriculture.** — Rapport sur le concours ouvert pour la confection du Catéchisme agricole, par Jules Barotte, Joinville, 1867, 1 vol. in-8°, rel. veau.

10. **Agriculture.** — Les chevaux de l'arrondissement de Vassy, par Collin, vétérinaire. Vassy, 1872, 1 vol. in-8°, rel. veau.

11. **Agriculture.** — Le congrès agricole départemental tenu à Langres en 1873. Vassy, 1873, 1 vol. in-4°, rel. veau.

12 **Agriculture.** — Rapport à la Société d'agriculture de Vassy, par Van Dekeere, médecin. Vassy, 1873, 1 vol. petit in-4°, rel. veau.

13. **Agriculture.** — Rapport à la Société d'agriculture de l'arrondissement de Vassy, par Lucien Garola. Vassy, 1873, 1 vol. petit in-4°, rel. veau.

14. **Agriculture.** — Rapport sur l'agriculture et la prime d'honneur, par Eugène Perron. Vassy, 1873, 1 vol. petit in-4°, rel. veau.

15. **Agriculture**. — Le congrès agricole départemental tenu à Chaumont en 1874. 1 vol. in-4°, rél. veau.

16. **Annales**. — Journal des faits historiques, politiques, critiques, littéraires, etc., par FINOT, fabricant de toiles à Dommartin-le-Saint-Père, de 1774 à 1815. 4 cahiers manuscrits.

17. **André**. — Le tremblement de terre de Lisbonne, tragédie en cinq actes, dédiée à Voltaire, par ANDRÉ, perruquier à Paris. Lisbonne, 1755, 1 vol. in-8°, rel. chag.

18. **Almanach** historique de la ville et du diocèse de Langres, divisé en deux parties. Langres, 1787, 1 vol. in-8°, rel. veau.

19. **Annuaire** du département de la Haute-Marne, pour l'an XII (1804). Chaumont, an XII, 1 vol. in-8°, rel. veau.

20 **Annuaire** du département de la Haute-Marne, pour 1806, Chaumont, 1806, 1 vol. in-8°, rel. veau.

21. **Annuaire** du département de la Haute-Marne pour 1808. Langres, 1808, 1 vol. in-8°, rel. veau. Histoire des Evêques de Langres.

22. **Annuaire** du département de la Haute-Marne pour 1811, par RIEUSSET et MATHIEU. Chaumont, 1811, 1 vol. in-8°, rel. veau. Biographie du département de la Haute-Marne.

23. **Annuaire** du département de la Haute-Marne, pour 1836, par VALLET, archiviste de la Haute-Marne. Chaumont, 1836, 1 vol. in-12, rel. veau.

24. **Annuaire** du département de la Haute-Marne pour 1837, par VALLET, archiviste de la Haute-Marne. Chaumont, 1837, 1 vol. in-8°, rel. veau.

25. **Annuaire** du département de la Haute-Marne pour 1838, par VALLET, archiviste de la Haute-Marne. Chaumont, 1838, 1 vol. in-8°, rel. veau.

26. **Annuaire** ecclésiastique et historique du diocèse de Langres, par PÉCHINET et MONGIN. Langres, 1838, 1 vol. in-8°, rel. veau.

Diverses notices biographiques, monographiques et archéologiques.

27. **Annuaire** ecclésiastique et historique du diocèse de Langres, par MONGIN. Langres, 1839, 1 vol. in-8°, rel. veau.

Diverses notices biographiques, monographiques et historiques. — Portrait de Tassel. — Monnaies.

28. **Annuaire** du département de la Haute-Marne pour 1839, par VALLET, archiviste. Chaumont, 1839, 1 vol. in-8°, rel, veau.

Essai biographique.

29. **Annuaire** du département de la Haute-Marne pour 1841, par VALLET, archiviste. Chaumont, 1841, 1 vol. in-8°, rel veau.

Essai biographique.

30. **Annuaire** du département de la Haute-Marne pour 1848, par VALLET, archiviste. Chaumont, 1842, 1 vol. in-8°, rel. veau.

Essai biographique.

31. **Annuaire** du département de la Haute-Marne pour 1844, par VALLET, archiviste. Chaumont, 1844, 1 vol. in-8°, rel. veau.

Essai biographique. — Pièces historiques sur Joinville.

32. **Annuaire** du département de la Haute-Marne pour 1846, par VALLET, archiviste. Chaumont 1846, 1 vol. in-8°, rel. veau.

Essai biographique.

33. **Almanach** populaire de la Haute-Marne pour 1852, Paris, 1 vol. in-16, rel. veau.
Notices monographiques.

34 **Annuaire** du département de la Haute-Marne pour 1852, par VALLET, archiviste. Chaumont, 1852, 1 vol. in-8°, rel. veau.
Notices historiques.

35 **Annuaire** statistique, administratif, etc. du département de la Haute-Marne pour 1853, par C.-P.-Marie HAAS, chef de division à la préfecture. Chaumont, 1853, 1 vol. gr. in-8°, rel. veau.

36. **Annuaire** statistique, administratif, etc., de la Haute-Marne pour 1855, par C.-P.-Marie HAAS, chef de division à la préfecture. Chaumont, 1855, 1 vol. gr. in-8°, rel. veau.

37. **Almanach** du progrès de la Haute-Marne, sur les sciences, l'agriculture et l'industrie, par ATHÉNAS, journaliste. Vassy, 1856, 1 vol. in-12, rel. veau.

38. **Almanach** du progrès de la Haute-Marne sur les sciences, l'agriculture et l'industrie, par ATHÉNAS, journaliste. Vassy, 1857, 1 vol. in-12. rel. veau.

39. **Annuaire** du département de la Haute-Marne pour 1857, par J. CARNANDET, journaliste. Chaumont, 1857, 1 vol. in-12, rel. veau.

40. **Annuaire** du département de la Haute-Marne pour 1858, par J. CARNANDET, journaliste. Chaumont, 1858, 1 vol. in-12, rel. veau.

41. **Annuaire** du département de la Haute-Marne pour 1859, par J. CARNANDET, journaliste. Chaumont, 1859, 1 vol. in-12, rel. veau.

42. **Annuaire** du département de la Haute-Marne pour 1860, par J. CARNANDET, journaliste. Chaumont, 1860, 1 vol. in-12, rel. veau.

43. **Annuaire** du département de la Haute-Marne pour 1861, par J. CARNANDET, journaliste. Chaumont, 1861, 1 vol. in-12, rel. veau.

44. **Annuaire** du département de la Haute-Marne pour 1862, par J. CARNANDET, journaliste. Chaumont, 1862, 1 vol. in-12, rel. veau.

45. **Annuaire** du département de la Haute-Marne pour 1863, par J. CARNANDET, journaliste. Chaumont, 1863, 1 vol. in-12, rel. veau.

46. **Annuaire** du département de la Haute-Marne pour 1864, par J. CARNANDET, journaliste. Chaumont, 1864, 1 vol. in-12, rel. veau.

47. **Annuaire** du département de la Haute-Marne pour 1865, par J. CARNANDET, journaliste. Chaumont, 1865, 1 vol. in-12. rel. veau.

48. **Annuaire** du département de la Haute-Marne pour 1866, par J. CARNANDET, journaliste Chaumont, 1866, 1 vol. in-12, rel. veau.

49. **Annuaire** du département de la Haute-Marne pour 1867, par J. CARNANDET, journaliste. Chaumont, 1867, 1 vol. in-12, rel. veau.

50. **Annuaire** du département de la Haute-Marne pour 1868, par J. CARNANDET, journaliste. Chaumont, 1868, 1 vol. in-12, rel. veau.

51. **Annuaire** du département de la Haute-Marne pour 1870, par C.-P.-Marie HAAS, chef de division à la préfecture. Bar-le-Duc, 1870, 1 vol. gr. in-8°, rel. veau.

52. **Annuaire** du département de la Haute-Marne pour 1870. — CAVANIOL, imprimeur. Chaumont, 1870, 1 vol. in-12, rel. veau.

53 **Annuaire** du département de la Haute-Marne pour 1872 — CAVANIOL, imprimeur. Chaumont, 1872, 1 vol. in-12, rel. veau.

54. **Annuaire** du département de la Haute-Marne pour 1875, par C.-P.-Marie HAAS, chef de division à la préfecture. Langres, 1875, 1 vol. in-12, rel. veau.

55. **Annuaire** du département de la Haute-Marne pour 1877, par C.-P.-Marie HAAS, chef de division à la préfecture. Langres, 1877, 1 vol. in-12, broché.

56. **Almanach** du laboureur et du vigneron pour le département de la Haute-Marne. Paris, 1877, 1 vol, in-16, broché.

57. **Almanach** du laboureur et du vigneron pour le département de la Haute-Marne. Paris, 1878, 1 vol. in-16, broché.

58. **Almanach**. – Dieu soit béni, par MARIBAS. Langres, 1830, 1 vol. in-12, broché.

Ce livre est suivi d'un tableau comparatif des anciennes mesures avec les nouvelles.

59. **Arc-en-Barrois**. — Notice archéologique sur la ville d'Arc, par Depping. Paris, 1846, 1 vol. in-8°, rel. chag.

60. **Arc-en-Barrois**. — La forêt d'Arc ou la chasse aux cerfs, par MUGNEROT. Paris, 1846, 1 vol. in-8°, rel. chag.

61. **Arc-en-Barrois**. – De quelques restes celtiques qui se trouvent dans la forêt d'Arc, par POULAIN, médecin. Chaumont, 1864, 1 vol. in-8°, rel. chag.

62. **Arc-en-Barrois.** — Note sur une construction de l'époque romaine, trouvée à Montrot, près d'Arc, par POULAIN, médecin. Chaumont, 1864, 1 vol. in-8°, rel. chag.

63. **Arc-en-Barrois**. — Notice historique sur l'hôpital d'Arc, par POULAIN, médecin. Chaumont, 1868, 1 vol. grand in-8°, rel. chag.

63 *bis*. **Arc-en-Barrois.** — Rapport sur les eaux publiques à Arc, par STEENACKERS, député au Corps législatif. Chaumont, 1867, 1 vol. in-4°, rel. chag.

64. **Arc-en-Barrois**. — Une pléiade. — Notices biographiques sur quelques Arcois, par POULAIN, médecin. Chaumont, 1875, 1 vol. grand in-8°, rel. chag.

65. **Arvisenet** CLAUDE. — Le guide de la jeunesse dans les voies du salut. Lyon, 1830, 1 vol. in-16, rel. veau.

66. **Arvisenet** CLAUDE. — Mémorial du sacerdoce du diocèse de Langres. Langres, 1801, 1 vol. in-8°, rel. veau.

67. **Arvisenet** CLAUDE. — Les maximes et devoirs des pères et mères envers les enfants. Langres, 1801, 1 vol. petit in-8°, rel. veau.

68. **Bourbonne-les-Bains**. — Association de bienfaisance de la ville de Bourbonne. Paris, 1858, 1 vol. in-12, rel. chag.

69. **Auger.** — Trois modèles de la vie sacerdotale ou notice sur MM. Godot, Fourneret et Arvisenet, prêtres des diocèses de Troyes et de Langres. Saint-Thibaut, 1870, 1 vol. in-16, rel. chag.

70. **Antin** (D'). — Eloge de Mgr Pierre de Pardaillon de Gondrin d'Antrin, évêque de Langres, 1 vol. in-16, rel. chag.

71. **Archives de la Haute-Marne.** — Les bulles pontificales des archives de la Haute-Marne. — Etude diplomatique, paléographique et historique, par Adrien ARCELIN, archiviste. 1866, 1 vol. in-8°, rel. veau.

72. **Archives de la Haute-Marne.** — Mémoire pour servir à l'histoire de ce département, par Emile JOLIBOIS, archiviste. Reims, 1 vol. in-8°, rel. veau.

73. **Asclépiade.** — Le catéchisme en exemples. — Choix d'histoires édifiantes et curieuses mises en rapport avec les leçons qui se donnent dans les catéchismes, à l'usage des frères des écoles chrétiennes et des personnes chargées de l'éducation de la jeunesse. Versailles, 1859, 1 vol. in-8°, rel. veau.

74. **Asclépiade.** — Principes de la grammaire française. — Résumé des cours faits aux élèves. Paris, 1848, 1 vol. in-8°, couvert en parchemin, autographié par l'auteur, frère ASCLÉPIADE.

75. **Asclépiade.** — Chronologie universelle réduite aux principaux faits de l'histoire sacrée et profane, avec des notices biographiques, géographiques, etc. Passy, 1850, 1 vol. in-4°, rel. chag.

76. **Attancourt.** — Traité des eaux minérales d'Attancourt et de Sermaize, par BAUGIER. Châlons, 1696, 1 vol. in-12, rel. chag.

77. **Attancourt.** — Traité des eaux minérales d'Attancourt, etc., par BAUGIER, réimprimé par Carnandet en 1861, 1 vol. in-8°, rel. chag.

78. **Aube** (L'). — La rivière d'Aube et ses bords avec ses affluents, par FINOT. Troyes, 1866, 1 vol. in-8°, rel. veau.

78 *bis*. — **Saint-Aubin, évêque d'Angers**. — Sa vie, son pèlerinage à Moëslains, par l'abbé MAZELIN. Bar-le-Duc, 1871, 1 vol. in-12, rel. chag.

79. **Auberive**. — Une visite à la maison centrale d'Auberive, par STEENACKERS. Paris, 1869, 1 vol. in-12, rel. chag.

80. **Aurèle-Marcien**. — Notice sur les catacombes de Rome et sur Saint-Aurèle-Marcien. Langres, 1843, 1 vol. in-16, rel. chag.

Les reliques de saint Aurèle sont à Langres.

81. **Auberive** (abbaye d'). — Précis pour les religieux d'Auberive, contre le fermier général des biens de l'abbaye, par Me MILLE, avocat. Paris, 1780, 1 vol. in-8°, rel. chag.

82. **Auberive** (abbaye d'). — Mémoire pour Jean Quillard, maître de forges et fermier général des revenus de l'abbaye d'Auberive, contre les religieux de ladite abbaye, par BUREL, avocat. Paris, 1780, 1 vol. in-8°, rel. chag.

83. **Auberive** (abbaye d'). — Mémoire pour les religieux d'Auberive, contre M. Quillard, fermier général des revenus de ladite abbaye, par Me MILLE, avocat. Paris, 1780, 1 vol. in-8°, rel. chag.

84. **Auberive** (abbaye d'). — Précis pour les religieux d'Auberive, contre l'abbé commendataire de ladite abbaye, par Me MILLE, avocat. Paris, 1783, 1 vol. in-8°, rel. chag.

85. **Auberive** (abbaye d'). — Précis pour M. de Fumal, abbé commendataire de ladite abbaye, contre les religieux, par Me DENOS DE LA GRÉE, avocat. Paris, 1783, 1 vol. in-8°, rel. chag.

85 A. **Asclépiade.** — Les maximes évangéliques tirées des paroles de Jésus-Christ, par Frère ASCLÉPIADE. Nevers, 1868, 1 vol. in-12, rel. veau.

85 B. **Asclépiade.** — La colombe de Bourbonnais. — Ambassade des oiseaux de l'Allier à ceux du bois de Boulogne. Moulins, 1864, 1 vol. in-8°, rel. veau.

85 C. **Asclépiade.** — Mon Moulins (la ville de), hommage de reconnaissance. Moulins, 1865, 1 vol. in-8°, rel. veau.

85 D. **Asclépiade.** — Notre-Dame de Moulins. — Recherches sur le culte de Marie dans la capitale du Bourbonnais. Moulins, 1867, 1 vol. in-8°, rel. veau.

85 E. **Asclépiade.** — L'enseignement élémentaire dans les écoles, leçons de choses, canevas et exercices. Moulins, 1874, 1 vol. in-12, rel. veau.

85 F. **Asclépiade.** — L'enseignement. — Exercice de la conjugaison des verbes à la concordance des temps et à la construction des phrases. Moulins, 1874, 1 vol. in-16, rel. veau.

85 G. **Arvisenet.** — Mémorial des disciples de Jésus-Christ. Troyes, 1827, 1 vol. in-12, rel. veau.

85 H. **Aubry.** — Notice biographique sur la famille de Me Antoine-Henry Aubry, seigneur d'Osches, syndic de Bar, par l'abbé FOURROT Bar-le-Duc, 1875, 1 vol. in-8°, rel. chag.

85 I. **Autissier.** — Mes adieux au pensionnat de St-Gilles à Moulins. 1866, 1 vol. in-8°, rel. veau.

86. **Barbier** CHARLES. — Industrie agricole. — Procédés et appareils des distilleries, Paris, 1863, 1 vol. in-8°, rel. veau.

87. **Thémidore.** — Bibliothèque amusante. Londres, 1781, 1 vol. in-16, rel. et couvert en veau.

88. **Barbier-d'Aucourt.** — L'onguent pour la brûlure, poëme. Paris, 1826, 1 vol. in-18, couvert en parchemin.

89. **Barbier-d'Aucourt.** — Les sentiments de Cléante sur les entretiens d'Ariste et d'Eugène. Paris, 1776, 1 vol. in-12, couvert en veau.

90. **Barbier** CHARLES, Ingénieur civil. — Le cheval de la Plata comme cheval de guerre. Saint-Dizier, 1877, brochure in-8°.

91. **Barillot**, vicaire général de Langres. — Sa vie par l'abbé MAUGÈRE. Langres, 1874, 1 vol. in-8°, rel. chag.

92. **Barillot.** — Entretiens ecclésiastiques. — La piété nécessaire au prêtre dans toutes les positions du ministère pastoral. Paris, 1848, 1 vol. petit in-8°, rel. veau.

93. **Barrotte**, chirurgien-accoucheur, à Chaumont. — Instructions par demandes et par réponses sur l'art des accouchements. Chaumont, 1774, 1 vol. in-12, rel. veau.

94. **Basset.** — Discours pour la fête de la paix. Vassy, 1807, 1 vol. in-8°, rel. chag.

95. **Bassigny.** — Le tumulte du Bassigny appaisé et restreint par le cardinal de Lorraine, ensemble la reprise du château de Choiseul par l'armée du roi, par LEBON, médecin du cardinal de Guise. Lyon, 1573, 1 vol. in-8°, rel. veau.

(Cet ouvrage est très-rare).

96. **Bassigny**. — Coutumes générales du bailliage du Bassigny, par Mammès Collin. Nancy, 1606, 1 vol. petit in-8°, couvert en veau.

97. **Bassigny**. — Coutumes générales du bailliage du Bassigny, par Mammès Collin. Nancy, 1761, 1 vol. in-12, rel. veau.

98. **Bassigny**. — Commentaire sur les coutumes du Bassigny, par Humbert. 1580, 2 vol. in-8°, rel. veau.

Cet ouvrage est manuscrit.

99. **Bassigny**. — Géographie physico-médicale du Bassigny, par J. Virey. 1821, 1 vol. in-8°, rel. veau.

100. **Bathier**. — Son discours à la distribution des prix au collège de Compiègne. 1859, brochure in-12.

101. **Baudrecourt**. — Mémoire pour la commune de Baudrecourt, contre les héritiers du Chatelet au sujet des bois, par Gaudry, avocat à la cour de Paris. Vassy, 1841, 1 vol. gr. in-8°, rel. chag.

102. **Baudrecourt**. — Mémoire pour les habitants de Baudrecourt, contre le Comte de Damas, au sujet des bois, par Gayet, avocat. Dijon, 1845, 1 vol. gr. in-8°, rel. chag.

103. **Bayard**. — Influence de la vaccine sur la population. Paris, 1855, 1 vol. in-8°, rel. veau.

103 *bis*. — **Barrau**. — Simples notions sur l'agriculture, le jardinage et les plantations. Paris, 1849, 1 vol. in-12, rel. veau.

104. **Beaufort** (de). — Notice historique et armoiries de la famille de Beaufort. — Extrait de l'armorial général d'Hozier. Paris, 1845, 1 vol. gr. in-8°, rel. chag.

105. **Berthelin** (de) — Notice historique sur la famille. Paris, 1860, 1 vol. gr. in-8°, rel. chag.

106. **Becquey** (vie de), ministre d'Etat et directeur général des ponts et chaussées sous la Restauration, par Beugnot. Paris, 1852, 1 vol. in-8°, rel. chag.

107. **Becquey**, député de la Haute-Marne. — Son opinion contre le projet de confier aux municipalités, la police générale. Paris, 1792, 1 vol. petit in-8°, rel. chag.

108. **Becquey**. — Son discours sur la liberté individuelle. Paris, 1817, 1 vol. in-12, rel. chag.

109. **Becquey**. — Son discours sur la liberté de la presse. Paris, 1817, 1 vol. petit in-8°, rel. chag.

110. **Becquey**. — Observations sur l'introduction des fers en France. Paris, 1817, 1 vol. petit in-8°, rel. chag.

111. **Becquey**. — Notice biographique sur Becquey, par Caquot. Châlons, 1849, 1 vol. in-8°, rel. chag.

112. **Benoitevaux**. — Notice historique sur l'abbaye de Benoitevaux, par l'abbé Bouillevaux. Chaumont, 1851, 1 vol. petit in-8°, rel. chag.

113. **Beugnot** (Le Comte), ministre d'Etat. — Son opinion sur la liberté de la presse. Paris, 1817, 1 vol. petit in-8°, rel. chag.

114. **Arnold de Thier,** membre de plusieurs sociétés savantes. — La laiterie, l'art de faire le beurre et de fabriquer les fromages. Bruxelles, 1855, brochure in-12.

115. **Peignot.** — Traité du choix des livres. Dijon, 1817, 1 vol. in-8°, rel. chag.

116. **Beugnot.** — Son discours à l'occasion du décès du baron de Gerando et à la surveillance des condamnés. Paris, 1844, 1 vol. in-8°, rel. chag.

117. **Beugnot** (le comte) ministre d'Etat. — Son discours et rapport sur le projet de loi concernant l'instruction publique. Paris, 1849, 1 vol. in-8° rel. chag.

118. **Chauchard.** — Son rapport sur l'enseignement technique. Paris, 1868, 1 vol. petit in-4°, rel. chag.

119. **Beugnot** (Albert), petit-fils du comte Beugnot, ministre d'Etat. — Mémoires du susdit comte, Saint-Germain, 1868, 2 vol. in-8°, rel. chag.

120. **Bernot.** — Aristophane Plutus ou la richesse, comédie suivie d'un fragment de l'assemblée des femmes. Vassy, brochure petit in-8°.

121. **Peignot.** — Recherches sur l'origine et l'étymologie du mot Pontife. Dijon, 1838, 1 vol. in-8°, rel. chag.

122. **Besancenet** (de) Alfred. — Le bienheureux Pierre Fourrier et la Lorraine. — Etude historique XVI° et XVII° siècles. Paris, 1864, 1 vol. in-12, rel. veau.

123. **Besancenet** (de) Alfred. — Proverbes et nouvelles sur divers sujets et personnages. Paris, 1864, 1 vol. in-12, rel. veau.

124. **Bibliothèques particulières.** — Catalogues des livres, atlas, cartes, plans, gravures, médailles, monnaies, meubles, sculptures, armoiries, tableaux et divers autres objets antiques et curieux appartenant à des bibliothèques particulières, de 1863 à 1870 ; 5 brochures petit in-8°.

125. **Biesles.** — Adresse du canton de Biesles à l'Assemblée nationale au sujet des fonctions du Chef du Pouvoir exécutif. Paris, 1792, 1 vol. in-12, rel. chag.

126. **Bienville.** — Notice historique sur la paroisse de Bienville, par PINARD. Vassy, 1 vol. petit in-8°, rel. chag.

127. **Billardells.** — Notice sur l'abbé Billardelle, par l'abbé MAUGÈRE. Langres, 1871. 1 vol. in-8°, rel. chag.

128. **Biographie.** — Histoire des évêques de Langres, par l'abbé MATHIEU. Langres 1844, 1 vol. in-8°, rel. veau.

129. **Biographie.** — Histoire des personnes célèbres du département de la Haute-Marne, par l'abbé MATHIEU. Chaumont, 1811, 1 vol. in-8°, rel. veau.
Note manuscrite de l'auteur.

130. **Biographie.** — Essai historique sur les personnes célèbres et sur le département de la Haute-Marne, par VALLET, archiviste. 1 vol. in-8°, rel. veau.

131. **Blanchard.** — Sa vie et sa mort ou un martyr de la Révolution, par l'abbé CAILLET, curé de Rosoy. Langres, 1861, 1 vol. in-12, rel. chag.

132. **Blancheville.** — Mémoire pour les religieux de l'abbaye de Septfontaines, contre les habitants de Blancheville ; au sujet d'un bois, par DESGRANGES, avocat. Paris, 1766, 1 vol. in-8°, rel. chag.

133. **Blécourt.** — Notice historique sur Notre-Dame de Blécourt, par PINARD. 1 vol. in-8°, rel. chag.

134. **Blécourt.** — Notice historique sur la paroisse de Blécourt, par l'abbé CRÉPIN. Chaumont, 1858, 1 vol. in-8°, rel. chag.

135 **Blégny** (DE) Etienne — Les éléments ou premières instructions de la jeunesse. Paris, 1691, 1 vol. in-8°, couvert en veau, orné de nombreux modèles d'écriture et de dessins exécutés à la plume.

136. **Luquet.** — Vie de Saint-Benoît le More. Paris, 1854, 1 vol. gr. in-12, rel. veau.

137. **Boichot.** — Souvenir d'un prisonnier d'Etat du second empire. Bruxelles, 1867, 1 vol. in-12, rel. chag.

Boichot, sergent-major au 7e de ligne, fut élu représentant à l'assemblée législative en 1849.

138. **Bordet** (Louis-René). — Sa thèse pour la licence en droit, sur les délits et les établissements dangereux et insalubres. Paris, 1864, brochure in-8°.

139. **Bouchardon** (Edme), sculpteur du roi. — Sa vie par le Comte de CAYLUS. Paris, 1762, 1 vol. in-12, rel. chag.

Ouvrage très-rare.

140. **Bouchardon.** — Anecdotes sur la mort de Bouchardon suivies de quelques recherches historiques sur les casques anciens, etc., par DANDRÉ-BARDON, peintre. Paris, 1764, 1 vol. in-12, rel. chag.

141. **Bouchardon** (Edme), sculpteur du roi. — Sa notice, par E. JOLIBOIS, archiviste. Versailles, 1837, 1 vol. in-8°, rel. chag.

142. **Bouchardon** (Edme), sculpteur du roi. — Notice historique suivie de quelques lettres de ce statuaire publiées d'après les originaux, avec un portrait et un autographe, par J. CARNANDET, journaliste. Paris, 1855, 1 vol. in-8°, rel. chag.

143. **Boulancourt.** — Notice historique sur l'abbaye de Boulancourt, par PINARD. Vassy, 1 vol. in-8°, rel. chag.

144. **Boulancourt.** — Notice historique sur l'abbaye et le monastère de Boulancourt, par l'abbé LUCOT. Châlons-sur-Marne, 1877, 1 vol. in-8°, rel. chag.

145. **Boulancourt.** — Cartulaire de l'abbaye de Boulancourt, par l'abbé LALORE. Troyes, 1869, 1 vol. in-8°, rel. chag.

146. **Bourbonne-les-Bains.** — Relation du grand incendie arrivé à Bourbonne, le 1er mai 1717, par J. CARNANDET, journaliste. Chaumont, 1862, 1 vol. in-8°, rel. chag. (réimpression).

147 et 148. **Bourbonne-les-Bains.** — Notice sur les bains de Bourbonne, par J. LE BON, médecin du roi. Lyon, 1590, 2 vol. in-8°, rel. chag. (réimpression).

149. **Bourbonne-les-Bains.** — Relation du grand incendie arrivé à Bourbonne, le 1er mai 1717, par le docteur BOUGARD. Paris, 1 vol. in-12, rel. chag.

150. **Bourbonne-les-Bains.** — De la propriété et des vertus des eaux, bouës et bains de Bourbonne, par Nicolas JUY, chimiste. Troyes, 1728, 1 vol. in-16, rel. chag.

151. **Bourbonne-les-Bains.** — Avis sur l'établissement, la vertu et l'usage des eaux thermales de Bourbonne. Paris, 1728, 1 vol. in-12, rel. chag.

152. **Bourbonne-les-Bains.** — Traité sur l'usage des eaux de Bourbonne, par Baudry, médecin. Dijon, 1736, 1 vol. petit in-8°, rel. chag.

153. **Bourbonne-les-Bains.** — Traité sur la vertu des eaux de Bourbonne, de Luxeuil, de Bains et de Plombières, par Dom Calmet. Nancy 1748, 1 vol. petit in-8°, rel. chag.

154. **Bourbonne-les-Bains.** — Dissertation sur les eaux de Bourbonne, par Charles, professeur. Besançon, 1749, 1 vol. in-12, rel. chag.

155. **Bourbonne-les-Bains.** — Dissertation sur la fièvre quarte et sur la vertu et l'usage des eaux de Bourbonne, par Juvet, médecin. Chaumont, 1750, 1 vol. in-12, rel. chag.

156. **Bourmont.** — Mémoire concernant la suppression du chapitre de Bourmont et sa réunion au chapitre de Poussay en Lorraine (Extrait des registres des délibérations de l'hôtel-de-ville de Bourmont). 1761, 1 vol. gr. in-8°, rel. chag.

157. **Bourbonne-les-Bains.** — Récit d'un voyage à Bourbonne, par Diderot, en 1770. Chaumont, 1865, 1 vol. in-8°, rel. chag.

158. **Bourbonne-les-Bains.** — Mémoire sur la vertu et l'usage des eaux de Bourbonne dans les maladies hystériques et chroniques, par Chevalier, docteur en médecine à Bourbonne. Paris, 1772, 1 vol. in-12, rel. chag.

159. **Bourbonne-les-Bains.** — Les deux amis de Bourbonne, par Diderot. Paris, 1822, 1 vol. in-8°, rel. chag.

159 *bis*. **Bourbonne-les-Bains.** — Traité pratique des thermes de Bourbonne, par Juvet, médecin. Chaumont, 1774, 1 vol. gr. in-8°, rel. chag.

160. **Bourbonne-les-Bains.** — Analyse, propriété et vertu des eaux de Bourbonne, par MARTIN DE LAUBEYPIE. Paris, 1809, 1 vol. petit in-8°, rel. chag.

161. **Bourbonne-les-Bains.** — Analyse, propriété et vertu des eaux de Bourbonne et les maladies auxquelles elles conviennent par MARTIN DE LAUBEYPIE. Paris, 1809, 1 vol. petit in-8°, rel. chag.

162. **Bourbonne-les-Bains.** — Précis pratique sur les eaux de Bourbonne, par MONGIN-MONTROL, médecin. Langres, 1810, 1 vol. petit in-8°. rel. veau.

163. **Bourbonne-les-Bains.** — Mémoire en forme d'introduction à la statistique générale des eaux de Bourbonne, par Athanase RENARD. Paris, 1825, 1 vol. in-8°. rel. chag.

164. **Bourbonne-les-Bains.** — Notice historique sur Bourbonne et ses eaux thermales, par Athanase RENARD. Paris, 1826, 1 vol. in-12, rel. chag.

165. **Bourbonne-les-Bains.** — Mémoire sur les eaux de Bourbonne. — Analyse des eaux et projet d'établissement, par DUCHANOY, médecin. Paris, 1827, 1 vol. in-12, rel. chag.

166. **Bourbonne-les-Bains.** — Essai sur les eaux minérales de Bourbonne, par MAGISTEL, chirurgien. Paris, 1828, 1 vol. in-8°, rel. chag.

167. **Morlot** (Le cardinal), archevêque de Paris. — Rapport de M. CHAUCHARD, député de la Haute-Marne, concernant les dépenses des funérailles du cardinal Morlot. Paris, 1863, 1 vol. in-8°, rel. chag.

168. **Bourbonne-les-Bains.** — Notice historique sur la ville et les eaux de Bourbonne, par LE MOLT. Paris. 1830, 1 vol. in-8°, rel. chag.

169. **Bourbonne-les-Bains.** — Précis sur les eaux thermales de Bourbonne, par BALLARD, médecin. Langres, 1831, 1 vol. in-8°, rel. chag.

170 **Bourbonne-les-Bains.** — Notice sur la ville et les eaux de Bourbonne, par PETITOT, directeur de l'hôpital dudit Bourbonne. Langres, 1 vol. petit in-8°, rel. veau

171. **Bourbonne-les-Bains.** — Inscription latine et histoire de la ville de Bourbonne, par BERGER DE XIVREY. Paris, 1833, 1 vol. in-8°, rel. chag.

172. **Bourbonne-les-Bains.** — Notice historique sur la ville et les eaux thermales de Bourbonne. Langres, 1836, 1 vol. in-8°, rel. veau.

173. **Bourbonne-les-Bains.** — Règlement de police de la ville de Bourbonne, par MAGNIN, maire. Paris, 1857, 1 vol. in-12, rel. chag.

174. **Bourbonne-les-Bains.** — Mémoire sur les eaux thermo-minérales en général et sur celles de Bourbonne en particulier, par HODES, aide-major. Paris, 1841, 1 vol. in-8°, rel. chag.

175. **Bourbonne-les-Bains.** — Notice sur les eaux thermales de Bourbonne, par le docteur AULAGNIER. Paris, 1844, 1 vol. in-8°, rel. chag.

176. **Bourbonne-les-Bains.** — Guide général des baigneurs, aux eaux minérales de Bourbonne, par ATHÉNAS, homme de lettres. Chaumont, 1843, 1 vol. in-12, rel. chag.

177. **Bourbonne-les-Bains.** — Essai sur les eaux minérales en général et notamment sur celles de Bourbonne. Thèse présentée par M. Alex. MAYER. Strasbourg, 1843, 1 vol. gr. in-8°, rel. chag.

178. **Bourbonne-les-Bains.** — Règlement particulier pour la compagnie des sapeurs-pompiers de la ville de Bourbonne, par Athanase Renard, maire. 1843, 1 vol. in-12, rel. chag.

179. **Bourbonne-les-Bains.** — Notice sur les eaux thermales de Bourbonne, par Magnin. Paris, 1844, 1 vol. in-8°, rel. chag.

180. **Bourbonne-les-Bains.** — Esquisse d'un voyage de Nancy à Bourbonne. — Souvenirs Lorrains. Nancy, 1846, 1 vol. in-8°, rel. chag.

181. **Bourbonne-les-Bains.** — Lettres d'un baigneur sur la vertu des eaux de Bourbonne. Chaumont, 1850, 1 vol. gr. in-12, rel. chag.

182. **Bourbonne-les-Bains.** — Thèse sur les eaux de Bourbonne et sur leurs effets, par Eugène Mathieu. Paris, 1853, 1 vol. petit in-4°, rel. chag.

183. **Bourbonne-les-Bains.** — Projet de reconstruction de l'église de Bourbonne, par Guillemart. Chaumont, 1852, 1 vol. petit in-8°, rel. chag.

184. **Bourbonne-les-Bains.** — Observations sur le Mémoire de M. Digot intitulé : Recherche du véritable nom et de l'emplacement de la ville et de l'édifice thermal de Bourbonne, par Baulieu. Chaumont, 1854, 1 vol. petit in-8°, rel. chag.

185. **Bourbonne-les-Bains.** — Thèse sur les eaux de Bourbonne, par Emile Bougard. Paris. 1857, 1 vol. petit in-4°, rel. chag.

186. **Bourbonne-les-Bains.** — Traité sur les eaux thermo-minérales chlorurées sodiques de Bourbonne, par MM. Cabrol et Tamisier, docteurs. Paris, 1858, 1 vol. in-8°, rel. chag.

187. **Bourbonne-les-Bains.** — Traité sur la vertu des eaux et bains de Bourbonne, par THIBAULT, médecin. Langres, 1658, réimprimé par Bougard. Chaumont, 1 vol. in-8°, rel. chag.

188. **Bourbonne-les-Bains.** — Relation sur la vertu et l'usage des eaux thermo-minérales de Bourbonne, par HENRI, médecin. Mirecourt, 1858, 1 vol. in-8°, rel. chag.

189. **Chatelet** (la marquise du) ou point de lendemain. — Comédie, par ANCELOT, auteur dramatique. Paris, 1832, 1 vol. in-8°, rel. chag.

190. **Bourbonne-les-Bains.** — Thèse sur les eaux thermo-minérales chlorurées sodiques et bromo-iodurées de Bourbonne, par Emile RENARD. Paris, 1859, 1 vol. petit in-4°, rel. chag.

191. **Bourbonne-les-Bains.** — Mémoire sur les antiquités et sur la ville de Bourbonne, par DUGAS DE BEAULIEU. Paris, 1860, 1 vol. in-8°, rel. chag.

192. **Bourbonne-les-Bains.** — Traité sur la vertu et l'usage des eaux thermo-minérales, chlorurées sodiques de Bourbonne, par Emile RENARD, médecin. Langres, 1860, 1 vol. in-12, rel. chag.

193. **Bourbonne-les-Bains.** — Guide général des baigneurs aux eaux de Bourbonne, par ATHÉNAS, homme de lettres. 1 vol. in-12, rel. chag.

194. **Bourbonne-les-Bains.** — Guide général des baigneurs aux eaux minérales de Bourbonne, par ATHÉNAS, homme de lettres. 1 vol. in-12, rel. chag.

195. **Bourbonne-les-Bains.** — Note sur les tremblements de terre de Bourbonne en 1861, par N. DÉLAISSEMENT, garde-mines. Lyon, 1861, 1 vol. in-8°, rel. chag.

196. **Bourbonne-les-Bains.** — Relation sur les tremblements de terre ressentis à Bourbonne en 1861, par MM. CABROL et TAMISIER, docteurs en médecine. Paris, 1861, 1 vol. petit in-4°, rel. chag.

197. **Chatelet** (la marquise du) ou point de lendemain. — Comédie, par ANCELOT et GUSTAVE, auteurs dramatiques. Paris, 1832, 1 vol. petit in-4°, rel. chag.

198. **Bourbonne-les-Bains.** — Notice sur les eaux salées chaudes de Bourbonne, par le docteur BOUGARD. Strasbourg, 1863, 1 vol. in-12, rel. chag.

199. **Bourbonne-les-Bains.** — Rapport sur l'association de bienfaisance de Bourbonne, pour l'extinction de la mendicité, par TONNET, maire. Chaumont, 1863, 1 vol. in-8°, rel. chag.

200. **Bourbonne-les-Bains.** — Rapport sur la ville, les eaux et les affaires municipales de Bourbonne, par TONNET, maire. Chaumont, 1863, 1 vol. in-12, rel. chag.

201. **Bourbonne-les-Bains.** — Notice sur les effets, la cure et la vertu des eaux de Bourbonne, par le docteur CAUSARD. Strasbourg, 1863, 1 vol. in-8°, rel. chag.

202. **Bourbonne-les-Bains.** — Mémoire pour les habitants de la ville de Bourbonne, contre le baron de Pontac, au sujet de la seigneurie de Bourbonne démembrée en 1821. Dijon, 1863, 1 vol. in-4°, rel. chag.

203. **Bourbonne-les-Bains.** — Mémoire pour le baron de Pontac, contre les habitants de la ville de Bourbonne, au sujet de la seigneurie dudit Bourbonne, démembrée en 1821. Dijon, 1863, 1 vol. in-4°, rel. chag.

204. **Bourbonne-les-Bains.** — Notice sur les sources thermales de Bourbonne, par Drouot, ingénieur. Paris, 1863, 1 vol. in-8°, rel. chag.

205. **Chaumont.** — Recherches historiques sur le Grand Pardon général et la Diablerie de Chaumont, par Jolibois, archiviste. Chaumont, 1838, 1 vol. in-8°, rel. chag.

206. **Bourbonne-les-Bains.** — L'électricité employée concurremment avec les eaux de Bourbonne, par le docteur Causard. Strasbourg, 1865, 1 vol. in-8°, rel. chag.

207. **Bourbonne-les-Bains.** — Causerie sur la ville et les eaux froides de Bourbonne, par Vitrey. Chaumont, 1865, 1 vol. in-8°, rel. chag.

208. **Bourbonne-les-Bains.** — Rapport au Conseil municipal de Bourbonne, sur divers projets d'intérêt public dans ladite ville, savoir :

1° Distribution des eaux.
2° Construction d'une école de garçons.
3° Etablissement de magasin de dépôt pour les blés.
4° Etablissement d'un dépôt de police.
5° Agrandissement de l'église.
6° Réparations au presbytère.
7° Ouverture d'une avenue en face de l'Eglise.
8° Emprunt de 175,000 francs.

Troyes, 1865, 1 vol. in-8°, rel. chag.

209. **Bourbonne-les-Bains.** — Histoire de la seigneurie de Bourbonne, par le docteur Bougard. Chaumont, 1865, 1 vol. in-8°, rel. chag.

210. **Bourbonne-les-Bains.** — Rapport au Conseil municipal de Bourbonne, sur le chemin de fer de Bourbonne à Vitrey. Troyes, 1866, 1 vol. in-8°, rel. chag

211. **Bourbonne-les-Bains.** — Les calomnies et les calomniateurs de Bourbonne, par TONNET. Chaumont, 1867, 1 vol. in-8°, rel. chag.

212. **Bourbonne-les-Bains.** — Bibliographie et histoire contenant la reproduction des plaquettes rares et curieuses, et le catalogue raisonné des mémoires et des ouvrages relatifs à l'histoire de Bourbonne et de ses thermes, par le docteur BOUGARD. Chaumont, 1865, 1 vol. in-8°, rel. chag.

213. **Bourbonne-les-Bains.** — Améliorations à l'établissement thermal de Bourbonne.— Séance du Conseil municipal du 26 février 1869. Langres, 1869, 1 vol. in-4°, rel. chag.

214. **Bourbonne-les-Bains.** — Guide des baigneurs et effets des eaux de Bourbonne sur les maladies, par le docteur BALLARD. — Edition nouvelle et augmentée d'une notice sur Bourbonne et les environs, par P. RORET. Langres, 1869, 1 vol. in-12, rel. chag.

215. **Bourbonne-les-Bains.** — Notice historique sur la ville et les eaux de Bourbonne, par le docteur CAUSARD. Chaumont, 1870, 1 vol. in-12, rel. chag.

216. **Bourbonne-les-Bains.** — Des effets, de la vertu, de l'usage et des accidents des eaux de Bourbonne sur les plaies, par le docteur CABASSE. Langres, 1 vol. in-12, rel. chag.

217. **Bourbonne-les-Bains.** — De la vertu et de l'usage des eaux chlorurées-sodiques de Bourbonne et des eaux similaires d'Allemagne, par le docteur BOUGARD. Paris, 1872, 1 vol. in-8°, rel. chag.

218. **Bourbonne-les-Bains.** — Rapport sur l'éclairage au gaz de la ville de Bourbonne, par Camille LAHÉRARD. 1874, 1 vol. in-8°, rel. chag.

219. **Bourbonne-les-Bains.** — Guide du baigneur et du médecin aux eaux thermales de Bourbonne. Bourbonne, 1875, 1 vol. in-12, rel. chag.

220. **Bourbonne-les-Bains.** — Station thermale de Bourbonne. 1876, 1 vol. in-18, rel. chag.

221. **Bourdons.** — Mémoire pour Jean-Baptiste Picon, conseiller du roi, maire de Bourdons, et Hanché, greffier au même siège, accusés de dénonciation pour vol de gerbes. Paris, 1771, 1 vol. in-4°, rel. chag.

222. **Bourmont.** — Notice historique sur la ville de Bourmont, son ancienneté, sa constitution civile et religieuse, ses établissements, ses chartes, etc., par l'abbé Groslin. Neufchâteau, 1840, 1 vol. in-8°, rel. chag.

223. **Bourmont.** — Projet de la suppression du chapitre de Bourmont. Paris, 1761, 1 vol. in-12, rel. chag.

224. **Brousseval.** — Plainte des habitants de Brousseval, contre leur maire et les gardes forestiers, pour délits et vol de leurs bois communaux. Dijon, 1828, 1 vol. in-4°, rel. chag.

225. **Brulon de Saint-Remy.** — Introduction à la rhétorique, par ledit Brulon, professeur des humanités au collège de Joinville. 1729, 1 vol. in-12, couvert en veau.

226. **Bulliard.** — Dictionnaire élémentaire de botanique. Paris, l'an VII (1799), 1 vol. in-8°, couvert en veau.

227. **Buret de Longchamps.** — Sa notice biographique, par Buret de Saint-Léger. Troyes, 1840, 1 vol. in-8°, rel. chag.

228. **Buxières-les-Froncles**. — Mémoires pour les habitants de Buxières, contre ceux de Froncles et le Comte de Pimodan, concernant le partage des bois. Paris, 1774, 1 vol. in-4°, rel. chag.

229. **Briffaut** (l'abbé). — La saliciculture et la vannerie à Bussières-les-Belmont. Langres, 1873, 1 vol. in-12, rel. chag.

229 *bis*. - **Bussières-les-Belmont.**— Mémoire pour les religieux et les habitants de Bussières et de Belmont, contre Julien Alaterre, fermier de la seigneurie, au sujet de divers privilèges. Paris, 1776, 1 vol. in-4°, rel. chag.

230. **Bouchard,** architecte. — Sa lettre suivie de notes et observations au Conseil municipal de Chaumont. Langres, 1846, 1 vol. in-8°, rel. chag.

231. **Bourbonne-les-Bains**. — Album des baigneurs, par L. Richoux. Paris, 1835, album in-folio en feuilles.

232. **Bourbonne-les-Bains**. — Souvenirs de l'établissement militaire et thermal de Bourbonne, par L. Richoux. Paris, 1835, album in-folio en feuilles.

233. **Bonvié**, Joseph-Joachim, conseiller général du département de la Meuse. — Sa biographie. Paris, archives historiques, une feuille in-4°.

234. **Bourmont.** — Mémoire relatif aux juridictions de la ville de Bourmont et de la province du Bassigny, par Henrys. 1789, 1 vol. grand in-8°, rel. chag.

234 A. **Barbe**, doctrinaire. — Ses lettres sur la révolution française, par J. Carnandet. Saint-Dizier, 1876, 1 vol. in-8°, rel. chag.

234 B. **Barbier**, Ingénieur civil. — Etat actuel de la question du tunnel sous la Manche. Paris, 1876, 1 vol. in-8°, rel. veau.

234 c. **René B*****, âgé de 8 ans. — Sa vie, sa mort édifiante. Bar-le-Duc, 1877, 1 vol. petit in-8°, rel. chag.

234 d. **Brûlé** (l'abbé). – Précis de la doctrine catholique à l'usage des maisons d'éducation. Langres, 1849, 1 vol. in-8°, rel. veau.

234 e. **Béguinet** (l'abbé). — Le calendrier perpétuel en huit questions. Langres, 1860, 1 vol. in-8°, rel. veau.

234 f. **Bouchu**, René. – Les femmes. — Poësie. Chaumont, 1812, 1 vol. in-8°, rel. veau.

235. **Parisis**, Evêque de Langres. – Introduction à la comptabilité des fabriques des Eglises. Langres, 1837, 1 vol. in-8°, broché.

236. **Canal.** — Mémoire sur la nécessité et la facilité de rendre navigable la rivière de la Marne, depuis Saint-Dizier jusqu'au dessous de Joinville, par Grignon, maître de forges. Amsterdam, 1770, 1 vol. in-12, rel. veau.

237. **Canal.** — Considérations et moyens de joindre la mer du Nord à la Méditerranée, par la Meuse, la Saône et leurs affluents. Neufchâteau, 1838, 1 vol. in-4°, rel. veau.

238. **Canal.** — Mémoire sur le projet de canal de la Marne à la Saône. Paris, 1840, 1 vol. in-4°, rel. veau.

239. **Canal.** – De la canalisation de la Marne et de sa jonction à la Saône, par Peltereau-Villeneuve. Paris, 1840, 1 vol. in-8°, rel. veau.

240. **Canal.** — Opinion de la chambre de commerce de la ville de Gray sur le projet de canal de jonction de la Marne à la Saône. Gray, 1840, 1 vol. in-4°, rel. veau.

241. **Canal**. — Délibération de la commission d'enquête concernant la jonction de la Marne à la Saône. Chaumont, 1840, 1 vol. in-8°, rel. veau.

242. **Canal**. — Délibération du conseil général de la Haute-Marne sur la canalisation de la Marne à la Saône. Chaumont, 1840, 1 vol. in-4°, rel. veau.

243. **Canal**. — Délibération de la commission d'enquête concernant la jonction de la Marne à la Saône. Chaumont, 1840, 1 vol. in-4°, rel. veau.

244. **Canal**. — Observations du tribunal de commerce de Langres au sujet du canal de jonction de la Marne à la Saône. Langres, 1840, 1 vol in-4°, rel. veau.

245. **Canal**. — Délibération du conseil municipal de la ville de Gray au sujet de la jonction de la Marne à la Saône. Gray, 1840, 1 vol. in-4°, rel. veau.

246. **Canal**. — De la nécessité d'un canal de jonction de la Marne à la Saône, de Vitry à Gray, par Peltereau-Villeneuve. Paris, 1844, 1 vol. in-8°, rel. veau.

247. **Canal**. — Délibération du conseil général de la Haute-Marne, concernant la canalisation de la Marne à la Saône. Chaumont, 1844, 1 vol. in-4°, rel. veau.

248. **Canal**. — Mémoire sur le canal latéral de la Marne à la Saône, par les habitants de Joinville. 1 vol. in-8°, rel. veau.

249. **Canal**. — Observations de la ville de Langres, sur le projet d'un canal de la Marne, de Vitry à Donjeux. Langres, 1845, 1 vol. in-8°, rel. veau.

250. **Canal**. — Mémoires sur les différentes voies de communication que l'on peut établir entre Vitry et Gray, par Brière de Mondétour, inspecteur divisionnaire des ponts et chaussée. Paris, 1846. 1 vol. in-4°, rel veau.

251. **Canal.** — Influence du canal de la Saarre sur la propriété forestière dans la Haute-Marne et la Meuse, par COLLIGNON. Nancy, 1847, 1 vol. in-4°, rel. veau.

252. **Canal.** — De la nécessité du prolongement du Canal de la Marne à la Saône. Saint-Dizier, 1860, 1 vol. in-4°, rel. veau.

253. **Canal.** — Délibération de la chambre consultative des arts et manufactures de Joinville sur le canal de jonction de la Marne à la Saône. Vassy, 1874, brochure in-8°.

254. **Canal.** — Délibération de la chambre de commerce de Saint-Dizier, sur le canal de jonction de la Marne à la Saône. Saint-Dizier, 1874, brochure in-8°.

255. **Canal.** — Opinion de M. Rozet, sur le canal de jonction de la Marne à la Saône. Saint-Dizier, 1864, 1 vol. in-8°, rel. veau.

256. **Carte** topographique de la Haute-Marne, par les officiers de l'Etat-Major. Paris, 1845, 1 exemplaire collé sur toile.

257. **Carte** topographique de la Haute-Marne, par CASSINI. Paris, 1 exemplaire collé sur toile.

258. **Carte** topographique de la Haute-Marne, par DELAVAL. Paris, 1818, 1 exemplaire collé sur toile.

259. **Carte** topographique de la Haute-Marne, par DONNET. Paris, 1 exemplaire collé sur toile.

260. **Carte** topographique de la Haute-Marne, par MINGUET. Chaumont, 1847, 1 exemplaire collé sur toile.

261. **Carte** topographique de la Haute-Marne, par DESCAVES, architecte. Chaumont, 1855, 1 exemplaire collé sur toile.

262. **Cartier**. — Le chemin de Damas Bar-sur-Aube, 1874, brochure grand in-8°.

263. **Cavaniol** Henri. — Une scène au désert Chaumont, 1863, brochure in-12.

264. **Cavaniol** Henri. — Teutberg. Chaumont, 1863, brochure in-12.

265. **Chalancey, Vesvres et Vaillant**. — Observations pour M. Bichet, d'Isômes, contre les habitants desdites communes, au sujet des droits de la baronnie de Chalancey, par Férey, avocat. Paris, 1789, 1 vol. grand in-8°, rel. chag.

266. **Carême** (les entretiens du). — Réflexions sur la passion de Jésus-Christ. Paris, 1854, 1 vol. in-18, broché.

267. **Chantôme** (l'abbé). — Exposé dogmatique et scientifique de la doctrine chrétienne. Paris, 1844, brochure in-18.

268. **Châteauvillain.** — Notes et documents pour l'histoire de Châteauvillain, par Carnandet. Chaumont, 1856, 1 vol. in-8°, rel. chag.

269. **Châteauvillain** (la ville de) et les intendants de la maison d'Orléans. Langres, 1848, 1 vol. petit in-8°, rel. chag.

270 **Bélet**, Nicolas, Curé de Charmes-la-Grande. — Instructions chrétiennes et pastorales, adressées secrètement aux fidèles catholiques de Charmes-la-Grande, pendant les jours malheureux enfantés par l'athéisme et organisés par la tyrannie. 1794, 1 vol. petit in-8°, rel. chag.

271. **Chatelet.** — Fouilles de la Montagne du Chatelet, ville romaine, entre Saint-Dizier et Joinville, par Grignon, maître de forges, correspondant de l'académie des inscriptions, belles-lettres et sciences de Paris. Bar-le-Duc, 1774 et 1775, 2 vol. petit in-8°, rel. chag.

272. **Chatelet.** — Notes archéologiques sur les fouilles faites et les monuments découverts sur la montagne du Chatelet, ville romaine, par l'abbé PHULPIN. Neufchâteau, 1840, 1 vol. petit in-8°, rel. chag.

273. **Chatelet.** — Notice sur le monument de la Haute-Borne, par PINARD. Paris, 1846, 1 vol. in-8°, rel. chag.

274. **Chatelet.** — Le château de Couzières (Indre-et-Loire) et quelques mots sur la Haute-Borne, par PINARD. Paris, 1847, 1 vol. grand in-8°, rel. chag.

275. **Chatelet.** — Note sur la Haute-Borne. Paris, 1 vol. grand in-8°, rel. chag.

276. **Chatelet** (la marquise du). — Les femmes célèbres. 1 vol. in-4°, rel. chag.

277. **Chatelet** (la marquise du) et les amies des philosophes au XVIIIe siècle, par CAPIFIGUE. Paris, 1868, 1 vol. petit in-8°, rel. chag.

278. **Chatelet** (la marquise du). — Sa notice biographique, par GAILLARD. 1 vol. in-4°, rel. chag.

279 et 279 *bis*. **Châteauvillain et Marmesse.** — Mémoires pour Dom de Berchères, procureur général de l'ordre de Cluny, le prieur de Marmesse et le curé de Châteauvillain au sujet de l'administration et desserte de l'Eglise du prieuré de Marmesse. Paris, 1742, 2 vol. in-folio, rel. chag.

280. **Doneau.** — Sa vie et ses ouvrages. — L'école de Bourges, synthèse du droit romain au XVIe siècle, par EYSELLE. Dijon, 1860, 1 vol. in-8°, broché.

281. **Chatelet** (la marquise du) et Voltaire. — Leur vie privée pendant six mois au château de Cirey. Paris, 1820, 1 vol. in-8°, rel. chag.

282. **Peignot** Gabriel, inspecteur de l'académie de Dijon. — Manuel du bibliophile. — Traité du choix des livres. Dijon, 1823, 1 vol. in-8°, rel. chag.
(Voir le 2e vol. au n° 1057).

283. **Chatelet** (la marquise du). — Ses lettres inédites à M. le comte d'Argental. — Sa biographie. Paris, 1806, 1 vol. in-12, rel. chag.

284. **Chatelet** (la marquise du) et Voltaire. — Révélations d'un serviteur attaché à leurs personnes, par d'Albanès Harard. Paris, 1863, 1 vol. gd in-12, rel. chag.

285. **Chatelet** (la marquise du) et Voltaire au château de Cirey, par Desnoiresterre. Paris, 1868, 1 vol. in-8°, rel. chag.

286. **Chatelet** (la marquise du). — Eléments de la philosophie de Neuton, par Voltaire. Londres, 1738, 1 vol. in-8°, couvert en veau.

287. **Chatelet** (la marquise du). — Dissertation sur la nature et la propagation du feu, par Mme Gabrielle-Emélie Letonnelier de Breteuil, marquise du Chatelet. Paris, 1744, 1 vol. in-8°, couvert en veau.

288. **Chatelet** (la marquise du). — Lettres inédites de Mme la marquise du Chatelet, du roi de Prusse et de Voltaire. Paris, 1818, 1 vol. in-8°, rel. chag.

289. **Chauchard**. — Rapport sur l'enseignement secondaire. Paris, 1865, 1 vol. in-8°, rel. chag.

290. **Chauchard**. — La majorité devant le pays, par un électeur de Langres. Vassy, 1869, 1 vol. in-8°, rel. chag.

291. **Chaumont**. — Les lois municipales et les coutumes générales du bailliage de Chaumont, par Jean GOUSSET, avocat. Epinal, 1623, 1 vol. petit in-8°, rel. veau.

292 **Chaumont**. — Les lois municipales et les coutumes générales du bailliage de Chaumont. Chaumont, 1722, 1 vol. petit in-8°, rel. veau.

293 **Chaumont**. — La coutume de Chaumont et texte de la coutume de Paris, par DE LAISTRE, avocat. Paris, 1733, 1 vol. in-4°, couvert en veau.

294. **Chaumont**. — Principes de la coutume de Chaumont avec ses différences de celle de Paris, par THIÉRIOT, avocat. Troyes, 1765, 1 vol. in-8°, rel. chag.

295. **Chaumont**. — Principes généraux de la coutume de Chaumont avec les articles de la coutume de Paris, par BLONDELA. 1767, 1 vol. in-12, rel. veau.

296 et 297. **Chaumont**. — Mémoires justificatifs pour trois hommes condamnés à la roue. Paris, 1786 et 1787, 2 vol. in-8°, rel. veau.

298. **Chaumont**. — Pétitions et doléances de la noblesse du bailliage de Chaumont. 1789, 1 vol. in-8°, rel. veau.

299. **Chaumont**. — Procès-verbal de l'assemblée des trois Etats du bailliage de Chaumont en 1789. 1 vol. in-8°, rel. veau.

300. **Chaumont**. — Projet du procès-verbal d'élection des députés de la noblesse du bailliage de Chaumont et des instructions et pouvoirs à leur donner. 1789, 1 vol. in-8°, rel. veau.

301. **Chaumont**. — Les cahiers du bailliage de Chaumont en 1789, précédés d'une notice, par Gustave DE FRAVILLE. Chaumont, 1869, 1 vol. in-8°, rel. veau.

302. **Etats généraux** (les). — Sur la forme d'opiner. 1789, brochure in-8°.

302 *bis*. **Chaumont.** — Mémoire pour Anne Prignot, veuve Cadié, contre le Maire et les Echevins de Chaumont au sujet d'un banc de famille dans l'Eglise. Paris, 1736, 1 vol. in-folio, rel. chag.

303. **Haute-Marne**. — Etudes stratégiques sur le département de la Haute-Marne, par Elie DE BEAUMONT. Paris, 1862, brochure in-4°.

304. **Chaumont.** — Chartes contenant les privilèges de la ville de Chaumont. 1838, fragment d'un livre in-12.

305. **Chaumont**. — Arrêt de la Cour des aides qui ordonne et règle les acquits à caution pour tous les marchands de la ville de Chaumont. Paris 1723, 1 vol. petit in-4°, rel. chag.

306. **Chaumont.** — Arrêt de la Cour des aides au sujet des droits sur les vins recueillis par les habitants de Chaumont. Paris, 1681, 1 vol. petit in-4°, rel. chag.

307. **Chaumont.** — Arrêt du Conseil d'Etat concernant le débit du vin à Chaumont. Paris, 1723, 1 vol. petit in-4°, rel. chag.

308. **Chaumont.** — Arrêt du Conseil d'Etat, concernant les porteurs et travailleurs du grenier à sel de Chaumont. 1697, 1 vol. petit in-4°, rel. chag.

309. **Chaumont.** — Arrêt de la Cour des aides du 3 décembre 1698, contre Antoine Richard, md tanneur et les maire et Echevins de Chaumont au sujet de la vente du vin à pot et assiette. Paris, 1724, 1 vol. petit in-4°, rel. chag.

310. **Chaumont.** — Arrêt de la Cour des aides concernant la communauté des tanneurs de Chaumont et la marque des cuirs. Paris, 1720, 1 vol. petit in-4°, rel. chag.

311. **Chaumont.** — Arrêt du Conseil d'Etat qui fixe les droits de sortie des vins du crû dans le parcours des élections de Chaumont, de Bar-sur Aube, de Langres et de Saint-Dizier. Paris, 1721, 1 vol. petit in-4°, rel. chag.

312 **Perthes.** — Arrêt du Parlement concernant la police municipale de Perthes. Paris, 1788, 1 vol. petit in-4°, rel. chag.

313. **Chaumont.** — Arrêtés et protestations du bailliage de Chaumont, contre les lois du 8 mai 1788, brochure in-8°.

314 **Chaumont.** — Relation de ce qui s'est passé à Chaumont, à l'arrivée de M. Necker, par LOUET. Paris, 1789, 1 vol. in-8°, rel. chag.

315. **Chaumont.** — Hymne national chanté à l'inauguration de la statue de la fédération à Chaumont. 1793, 1 vol. in-8°, rel. chag.

316. **Chaumont.** — Hymne chanté à la cérémonie funèbre de Michel le Pelletier, par les amis de la liberté de Chaumont. 1 vol. in-12, rel. chag.

317. **Chaumont.** — Exercices et prières à l'effet d'obtenir l'indulgence plénière au pardon général. Chaumont, 1810, 1 vol. in-12, rel. chag.

318. **Chaumont.** — Instructions sur les exercices et prières du pardon général. Chaumont, 1821, 1 vol. in-12, rel. chag.

319 **Chaumont.** — Relation de la fête donnée à Chaumont à l'occasion de la naissance du roi de Rome. Chaumont, 1811, 1 vol. in-8°, rel. chag.

320. **Chaumont.** — Discours prononcé à la cérémonie de l'inauguration de la statue du roi Louis XVIII, par M. CONTAULT, maire de Chaumont. 1816, 1 vol. in-12, rel. chag.

321. **Chaumont.** — Discours prononcé à l'inauguration du buste du roi Louis XVIII, par M. Delassalle, préfet. Chaumont, 1816, 1 vol. in-12, rel. chag.

322. **Chaumont.** — Exercices et prières à l'effet d'obtenir l'indulgence plénière au pardon général. Chaumont, 1827, 1 vol. in-12, rel. chag.

323. **Chaumont.** — Règlement et statuts du cercle de Chaumont. 1829, 1 vol. in-12, rel. chag.

324. **Chaumont.** — Relation de quelques heures à Chaumont. 1828, 1 vol. in-8°, rel. chag.

325. **Chaumont.** — Règlement de l'hospice civil de Chaumont. 1830, 1 vol. in-8°, rel. chag.

326. **Physique.** — Institutions de physique avec figures. Paris, 1740, 1 vol. in-8°, couvert en chagrin.

327. **Chaumont.** — Lettres historiques écrites en 1814 lors de l'occupation de Chaumont par les troupes alliées. Chaumont, 1835, 1 vol. in-8°, rel. chag.

328. **Chaumont.** — Instructions sur les exercices et les prières du pardon général. Chaumont, 1838, 1 vol. in-12, rel. chag.

328 *bis*. **Chaumont.** — Mémoire pour le chapitre de Chaumont contre les habitants de ladite ville, au sujet de l'administration et de la desserte de l'Eglise paroissiale, 1735, 1 vol. in-folio, rel. chag.

329. **Saint-Bernard,** premier abbé de Clairvaux. — Sa vie, par Antoine le Maistre. Paris, 1684, 1 vol. in-8°, couvert en bas.

330. **Chaumont.** — Exercices et prières à l'effet d'obtenir l'indulgence plénière au pardon général. Chaumont, 1838, 1 vol. in-12, rel. chag.

331. **Chaumont**.— Les maladies fébriles à Chaumont avec leurs formes et fréquences, par le docteur Robert. Chaumont, 1839, 1 vol. in-8°, rel. chag.

332. **Chaumont.** — Notice historique sur le sépulcre de Chaumont, par Jules Fériel. Chaumont, 1841, 1 vol. in-8°, rel. chag.

333. **Chaumont.** — Exposé des motifs qui doivent déterminer l'établissement d'un collége royal à Chaumont. 1841, 1 vol. in-4°, rel. chag.

334. **Chaumont.** — Règlement particulier pour les prisons de Chaumont. 1843, 1 vol. in-8°, rel. chag.

335. **Chaumont.** — Histoire et tableau de l'Eglise, du sépulcre, du chapitre, du Grand Pardon et de la Diablerie de Chaumont, par l'abbé Godard. Chaumont, 1848, 1 vol. in-8°. rel. chag.

336. **Chaumont.** — Exercices et prières à l'effet d'obtenir l'indulgence plénière au Pardon général. Troyes, 1849, 1 vol. in-12, rel. chag.

337. **Chaumont.** — Instruction sur la police judiciaire, par Cornereau. Chaumont, 1849, 1 vol. in-8°, rel. chag.

338. **Chaumont.** — Prière pour obtenir l'indulgence plénière au Pardon général. Chaumont, 1821, 1 vol. in-12, rel. chag.

339. **Chaumont.** — Société de patronage de la ville de Chaumont. 1850, 1 vol. in-8°, rel chag.

340. **Chaumont.** — Règlement du cercle du Commerce de Chaumont. 1851, 1 vol. in-8°, rel. chag.

341. **Chaumont.** — Règlement relatif aux inhumations dans le cimetière de Chaumont. 1855, 1 vol. in-8°, rel. chag.

342. **Chaumont.** — Règlement particulier pour le tribunal de première instance de Chaumont, par Jules Fériel. Chaumont, 1853, 1 vol. in-8°, rel. chag.

343. **Chaumont.** — Quelques notes sur le Lycée et la chapelle de Chaumont, par Jules Fériel. 1855, extraits de journaux en feuilles.

344. **Chaumont.** — Notice sur le Grand Pardon de Chaumont. 1855, extraits de journaux en feuilles.

345. **Langres.** — Le Rituel. 1679, 1 vol. in-8°, couvert en veau.

346. — **Chaumont.** — Prières et méditations sur le Grand Pardon de Chaumont, pour 1855 et biographie sur Jean de Montmirel, auteur de cette institution. Chaumont, 1855, 1 vol. in-12, rel. chag.

347. **Chaumont.** — Histoire de la ville de Chaumont, par Emile Jolibois, archiviste. Chaumont, 1856, 1 vol. in-8°, rel. chag.

348. **Chaumont.** — Manuel pratique des prisons de Chaumont, par Claude Colombot, chirurgien. Chaumont, 1824, 1 vol. in-8°, rel. chag.

349. **Chaumont.** — Constitution et règlement de l'orphéon de Chaumont. 1858, 1 vol. in-8°, rel. chag.

350. **Chaumont.** — Discours de M. Fayet au Lycée de Chaumont. 1858, 1 vol. in-8°, rel. chag.

351. **Chaumont.** — Statuts et règlement de la société dramatique de Chaumont. 1858, 1 vol. in-8°, rel. chag.

352. **Chaumont.** — Règlement particulier du tribunal de première instance de Chaumont, par Royer. Chaumont, 1825. 1 vol. in-folio, rel. chag.

352 *bis*. **Chaumont.** — Une excursion de Troyes à Chaumont, par Finot. Troyes, 1858, 1 vol. in-8°, rel. chag.

353. **Chaumont.** — But de la société de l'Œuvre de la jeunesse fondée à Chaumont, sous la direction des frères des écoles chrétiennes. Chaumont, 1859, 1 vol. petit in-8°, rel. chag.

354. **Chaumont.** — Règlement de la compagnie des sapeurs-pompiers de la ville de Chaumont. 1853, 1 vol. in-8°, rel. chag.

355. **Chaumont.** — Statuts et règlement du Cercle de Chaumont, 1859, 1 vol. in-8°, rel. chag.

356. **Chaumont.** — Exercices et prières à l'effet d'obtenir l'indulgence plénière au Pardon général. Chaumont, 1860, 1 vol. in-12, rel. chag.

357. **Chaumont** et ses environs. — Poësie, par Emile Voillard. Chaumont, 1864, 1 vol. in-8°, rel. chag.

358. **Chaumont.** — Règlement de la société philharmonique de Chaumont. 1861, 1 vol. in-8°, rel. chag.

359. **Chaumont.** — Notice sur la manufacture de gants de Chaumont, de M. Tréfousse et Cie, par Victor Meunier. Paris, 1861, 1 vol. in-8°, rel. chag.

360. **Chaumont.** — Notice historique sur le viaduc de Chaumont. Troyes, 1863, 1 vol. in-8°, rel. chag.

361. **Chaumont.** — Saint-Roch. — Idylle chaumontaise, par Emile Voillard. Chaumont, 1863, 1 vol. in-8°, rel. chag.

362. **Chaumont.** — Concours des sociétés d'orphéons, des musiques d'harmonie et des fanfares, ouvert à Chaumont en 1865. 1 vol. in-8°, rel chag.

363. **Chaumont.** — Notice sur la manufacture de gants de M. Tréfousse et Cie à Chaumont, par Victor Meunier. Chaumont, 1865, 1 vol. in-8°, rel. chag.

364. **Chaumont.** — Une légende, par Henri Cavaniol. Chaumont, 1865, 1 vol. in-8°, rel. chag.

365. **Chaumont.** — Catalogue des récompenses de l'exposition de Chaumont. 1865. 1 vol. in-8°, rel. chag.

366. **Parisis,** évêque de Langres. — Cas de conscience sur les libertés publiques. Paris, 1847 et 1865, 2 vol. in-8°, brochés et réunis.

367. **Parisis,** évêque de Langres. — Des tendances, des empiètements, du silence et de la publicité sur les libertés de l'Eglise. Langres et Paris, 1844 et 1845, 3 vol. in-8°, brochés et réunis.

368. **Parisis.** — Projet de loi, rapports, examen des questions, la vérité et religion sur les libertés de l'enseignement. Paris, 1844 à 1850, 9 vol. in-8°, brochés et réunis.

369. **Maugard.** — Des dangers des abrégés et des traductions des lois. Paris, 1788, 1 vol. in-8°, rel. veau.

370. **Chalindrey.** — Manuscrit concernant tous les villages de l'obédience de Chalindrey — Notes et copies de titres sur les droits seigneuriaux, les dîmes, les propriétés, les donations et les acquisitions pour chaque commune. 1720, 1 vol. in-4°, rel. chag.

371 **Chaumont.** — Conférence de l'association polytechnique de Chaumont, sur les héros du travail, par Camille Flammarion. Chaumont, 1866, 1 vol. in-8°, rel. chag.

372. **Chaumont.** — Rapport à l'effet d'établir une conduite d'eau pour alimenter les fontaines de Chaumont, par Trautmann, ingénieur des Mines. Chaumont, 1866, 1 vol. in-4°, rel. chag

373. **Chaumont.** — Exercices et prières à l'effet d'obtenir l'indulgence plénière au Pardon général. Chaumont, 1866, 1 vol. in-12, rel. chag.

374. **Chaumont.** — Les paroles prononcées dans l'Eglise de Chaumont, par l'abbé RIGOLLOT, à son retour de Rome. Chaumont, 1867, 1 vol. in-12, rel. chag.

375. **Chaumont.** — Observations présentées au Conseil municipal par le maire de la ville de Chaumont, au sujet des fontaines publiques. Chaumont, 1868, 1 vol. in-4°, rel. chag.

376. **Chaumont.** — Rapport au Conseil municipal concernant les fontaines publiques de Chaumont. 1868, 1 vol. in-4°, rel. chag.

377. **Chaumont.** — Instructions sur le service militaire dans les postes de la garde nationale de Chaumont. 1870, 1 vol. in-12, rel. chag.

378. **Chaumont.** — Chanson en patois Chaumontais. 1 vol. in-8°, rel. chag.

378 *bis*. **Chaumont.** — Les manuscrits de l'Eglise paroissiale de Chaumont, par CARNANDET. Saint-Dizier, 1876, 1 vol. in-8°, rel. chag.

379. **Chaumont.** — Notice historique sur le Grand Pardon et la diablerie de Chaumont. 1877, 1 vol. in-12, rel. chag.

380. **Chaumont.** — Notice et lettres sur le Grand Pardon de Chaumont. Saint-Dizier. 1877, 1 vol. in-18, rel. chag.

381. **Chaumont.** — Une page de l'histoire de Chaumont. — Les chevaliers de l'arquebuse, par COUSIN, avocat. Chaumont, 1878, 1 vol. gr. in-12, rel. chag.

382. **Chaumont.** — L'éclairage au gaz de la ville de Chaumont. 1863, 1 vol. in-8, rel. chag.

383. **Chemin de fer** de Gray à Verdun (Mémoire sur le). Paris, 1831, 1 vol. in-8°, rel. veau.

384 **Chemin de fer** entre la Marne et la Saône (Projet du). Gray, 1837, 1 vol petit in-4°, rel. veau.

385 **Chemin de fer** de la vallée de l'Aube. — Délibération de la Commission d'enquête de la Haute-Marne. Chaumont, 1842. 1 vol. petit in-4°, rel. veau.

386. **Chemin de fer** de Saint-Dizier à Gray. — Requête des habitants de Vassy. 1845, 1 vol. in-4°, rel. veau.

387 et 388. **Chemin de fer** de Saint-Dizier à Gray. — De la nécessité de ce chemin. Paris et Bar-le-Duc, 1845, 2 vol. in-8°, rel. veau.

389. **Chemin de fer** de Saint-Dizier à Dijon. — Pétition des habitants de Saint-Dizier. 1845, 1 vol. in-4°, rel. veau.

389 *bis*. **Corbon**, ancien constituant. — L'enseignement professionnel. Paris, 1 vol. petit in-12, rel. veau.

390. **Chemin de fer** de Saint-Dizier à Gray. — Délibération du Conseil général de la Haute-Marne. Langres, 1845, 1 vol. in-8°, rel. veau.

391. **Chemin de fer** (le) et le canal de la Haute-Marne. — Un mot sur cet objet, par un habitant de Saint-Dizier. 1845, 1 vol. in-8°, rel. veau.

392. **Chemin de fer** de Paris à Strasbourg par Saint-Dizier. — Question de passage, par un maître de forges. Paris, 1846, 1 vol. in-8°, rel. veau.

393. **Chemin de fer** de Dijon à Maizières et de Saint-Dizier à Gray. — Projet et nécessité de l'ajournement, par Félix Liouville. Paris, 1846, 1 vol. in-4°, rel. veau.

394. **Chemin de fer** de Saint-Dizier à Gray. — Note sur son importance, par LACORDAIRE, ingénieur. Paris, 1846, 1 vol. in-8°, rel. veau.

395. **Chemin de fer** de Saint-Dizier à Gray. — Réponse à une brochure anonyme, par LACORDAIRE, ingénieur. Paris, 1846, 1 vol. in-8°, rel. veau.

396. **Chemin de fer** de Paris à Strasbourg. — Discours par M. CHAUCHARD, représentant du peuple. Paris, 1848, 1 vol. in-8°, rel. veau.

397 et 398. — **Chemin de fer** de Saint-Dizier à Gray et embranchement de Blesmes à Joinville. — Délibérations du Conseil général de la Haute-Marne et de la Chambre consultative de Joinville, à l'occasion dudit embranchement. Paris et Joinville, 1849 et 1851, 2 vol. in-4° et in-8°, rel. veau.

399. **Chemin de fer** de Saint-Dizier à Gray. — Lettre de M. CHAUCHARD, député de la Haute-Marne. Paris, 1851, 1 vol. in-8°, rel. veau.

400. **Chemin de fer** de Saint-Dizier à Gray. — Observations sur le projet, par les habitants de la ville de Langres. 1 vol. in-4°, rel. veau.

401. **Chemin de fer** de Blesmes à Saint-Dizier. — Quelques vers à l'occasion de son inauguration, par DULAC, inspecteur des forêts. Vassy, 1854, 1 vol. in-8°, rel. veau.

402. **Chemin de fer** de Paris à Mulhouse. — Observations et enquête sur l'établissement des stations dans la Haute-Marne. Paris, 1855, 1 vol. in-8°, rel. veau.

403. **Chemin de fer** de la Marne à la Saône. — Pétition de la ville de Langres. 1 vol. in-4°, rel. veau.

404. **Condes.** — Notice historique sur le prieuré de Condes, par l'abbé BOUILLEVAUX. Paris, 1856, 1 vol. in-8°, rel. chag.

405. **Coiffy-le-Château**. — Notice historique sur Coiffy, et ses institutions d'après des documents inédits, par Edouard de Barthélemy. Chaumont, 1866, 1 vol. in-8°, rel. chag.

406. **Coiffy-le-Château**. — Notice historique sur Coiffy, par Adrien Bonvallet. Nevers, 1859, 1 vol. in-8°, rel. chag.

406 *bis*. **Chemin de fer** de Dijon à Langres. — Rapport au Conseil municipal de Langres. 1868, 1 vol. petit in-folio, rel. veau.

406 *ter*. — **Chemin de fer** de Blesmes à Gray. - Observations sur la constitution géologique des terrains, par Petitgant. Paris, 1852, 1 vol. petit in-folio, (manuscrit), rel. veau.

407. **Clefmont**. — Mémoire pour Jean-Baptiste Fort, curé de Clefmont et d'Audeloncourt, contre Catherine Devilliers, au sujet de propos scandaleux qu'elle aurait tenus. Paris, 1770, 1 vol. petit in-4°, rel. chag.

408. **Cirey-sur-Blaise**. — Aperçu de mœurs électorales à Cirey, par E. Royer. Chaumont, 1876, 1 vol. in-8°, rel. chag.

409. **Cirey-sur-Blaise**. — Copies de pièces déposées par les habitants de Cirey, en l'étude de Me Bardel, notaire à Chaumont, concernant les bois de la baronnie de Cirey. Vassy, 1877, 1 vol. in-4°, rel. chag.

410. **Cirey-sur-Blaise**. — Statuts et règlements de la société de secours mutuels de Cirey. Joinville, 1851, 1 vol. in-8°, rel. chag.

411. **Chompré**. — Dictionnaire abrégé de la fable. Senlis, 1821, 1 vol. in-12, rel. veau.

412. **Chompré.** — Dictionnaire portatif de la fable. Paris, 1801, 1 vol. petit in-8°, couvert en veau.

413. **Choiseul d'Aillecourt**, Maxime. — De l'influence des croisades sur l'état des peuples de l'Europe. Paris, 1809, 1 vol. in-8°, broché.

414. **Choiseul d'Aillecourt** (de), député de la noblesse. — Compte qu'il rend à ses commettants. Paris, 1791, 1 vol. in-8°, rel. chag.

415. **Chérin.** — La noblesse considérée sous ses divers rapports dans les assemblées de la nation Paris, 1788, 1 vol. in-8°, rel. veau.

416. **Chérin.** — Abrégé chronologique des édits, règlements, arrêts, lettres-patentes, etc. des rois de France, concernant la noblesse. Paris, 1788, 1 vol. petit in-8°, rel. chag.

417 et 418. **Chemin de fer** de Paris à Mulhouse. — Guide itinéraire des stations avec une notice historique sur chacune d'elles, par MM. Carnandet, bibliothécaire à Chaumont, et Alfred Brocard. Chaumont et Paris, 1857, 2 vol. petit in-8°, rel. veau.

419. **Chemin de fer** de Langres à Neufchâteau. — Pétition par les délégués du tracé direct de la Haute Meuse. Chaumont, 1861, 1 vol. in-4°, rel. veau.

420. **Chemin de fer** de Dijon à Nancy. — Observations sur le projet, par le docteur Magnin. Paris, 1861, 1 vol. in-8°, rel. veau.

421. **Chemin de fer** de Toul à Chaumont. — Mémoire de la ville de Toul sur le projet de construction de cette ligne, par Desloges. Toul, 1861, 1 vol. gr. in-8°, rel. veau.

422. **Chemin de fer** de Vassy à Saint-Dizier.—Son utilité. — Souscription. Vassy, 1863, 1 vol. in-8°, rel. veau.

423. **Chemin de fer** de Vassy à Saint-Dizier. — Observations sur son utilité et son importance, par Varnier. Saint-Dizier, 1861, 1 vol. gr. in-8°, rel. veau.

424. **Chemin de fer** de Vassy à Saint-Dizier. — Projet des statuts. Vassy, 1865, 1 vol. gr. in-8°, rel. veau.

425. **Chemin de fer** de Vassy à Saint-Dizier. — Décret d'autorisation et statuts. Vassy, 1867, 1 vol. in-8°, rel. veau.

426. **Chemin de fer** de Sedan à Langres, par la vallée de la Meuse. — Statuts et projet. Langres 1868, 1 vol. in-4°, rel. veau.

427. **Chemin de fer** de Vassy à Saint-Dizier. — Guide itinéraire des stations avec notice historique sur chacune d'elles, par Ernest Serrigny. Saint-Dizier, 1872, 1 vol. gr. in-12, rel. veau.

428. **Chaumont.** — Notice historique sur le Pardon général de Chaumont. 1855, 1 vol. in-18, rel. chag.

429. **Conseil général** de la Haute-Marne. — Rapports des Préfets et procès-verbaux des délibérations du Conseil général, sur divers objets. Chaumont, 1840 à 1843, 1 vol. in-8°, rel. veau.

(Pour les années suivantes. Voir les numéros 1430, 1431, 1432 et 1521.)

430. **Couvreux** Gustave et Félix **Voisin**. — Projet de loi et éducation des jeunes détenus dans les colonies pénitentiaires. Troyes, 1876, 1 vol. in-4°, rel. chag.

431. **Cuves**. — Discours de l'abbé Chantôme au pensionnat de Cuves. Langres, 1845, 1 vol. in-8°, rel. chag.

432. **Parisis**, évêque de Langres. — Lettre sur l'institution canonique du chapitre de Saint-Denis. Paris, 1847, brochure in-8°.

433. **Parisis,** évêque de Langres. — Lettre sur la part que peuvent prendre les laïques dans les discussions relatives aux affaires de l'Eglise. Paris, 1850, brochure in-8 .

434 et 434 *bis*. **Carte géologique** de la Haute-Marne, par MM. Royer et Barotte. 1 exemplaire en 6 feuilles collées sur toile et liasse de feuilles manuscrites pour la notice.

435. **Carte géologique** de la Haute-Marne, avec notice par Duhamel. 1857 à 1860, 1 exemplaire en 4 feuilles collées sur toile.

435 *bis*. **Chaumont**. — Journal de la Société agricole, horticole et industrielle pendant l'Exposition et le Concours régional de Chaumont en 1865. 1 cahier en feuilles in-folio.

435 *ter*. **Condamnés à la roue**. — Arrêt du Parlement qui ordonne la destruction de la sentence du bailliage de Chaumont du 11 août 1785, condamnant trois hommes à la roue ; lesquels ont été reconnus innocents. Paris, 1786, 1 vol in-4°, broché.

436. **Dadant**. — Petit cours pratique d'apiculture. Chaumont, 1874, 1 vol. petit in-8°, broché.

436 *bis*. **Curel-Duverbois**. — La géométrie pratique contenant la manière de toiser et d'arpenter, etc. Lyon, 1683, 1 vol. in-12, rel. veau.

437 et 438. **Dalbanne** (Madame). — Notice biographique sur la famille de Madame Dalbanne, par Gossin, conseiller à la Cour. Paris 1851, 2 vol. in-8°, rel. chag.

439. **Dommartin** (de). — Correspondance du général de Dommartin. — Un officier royaliste au service de la République, par Alfred de Besancenet. Paris, 1876, 1 vol. in-8°, rel. chag.

440. **Dammartin.** — Notice historique sur le village. Langres, 1839, 1 vol. in-8°, rel. chag.

441. **Damrémont** (de). — Au mânes glorieux du général de Damrémont et des braves héros, par F.-J. DE SACY. Paris, 1 vol. in-8°, rel. chag.

442. **Damrémont** (de). — La vérité sur le général de Damrémont, par PARIS, capitaine d'état-major. Paris, 1837, 1 vol. in-8°, rel. chag.

443. **Damrémont** (de). — Notice biographique sur le lieutenant général de Damrémont, par ROCH PARIS, capitaine d'état-major. Paris, 1838, 1 vol. in-8°, rel. chag.

444. **Darboy**, archevêque de Paris. — Lettre à l'abbé Combalot, au sujet de remontrances publiques. Paris, 1851, 1 vol. in-8°, broché.

445. **Darboy**, archevêque de Paris. — Sa biographie, sa vie intime et ses travaux littéraires, par l'abbé Justin FÈVRE. Bar-le-Duc, 1863, 1 vol. in-8°, rel. chag.

446. **Darboy**, archevêque de Paris. — Son portrait et sa biographie, PALMÉ, éditeur. Paris, 1 vol. in-12, rel. chag.

446 *bis*. **Darboy**, archevêque de Paris. — Souvenirs personnels à M. Darboy, par Mlle Grâce RAMSAY. Paris, 1872, 1 vol. in-12, rel. chag.

447. **Parisis**, évêque de Langres. — Instruction sur le droit divin dans l'Eglise. Paris, 1846, brochure in-8°.

448. **Darboy**, archevêque de Paris. —Sa vie et ses œuvres, par l'abbé FÈVRE. Châtillon, 1871, 1 vol. in-8°, rel. chag.

449. **Darboy**, archevêque de Paris. — La Roquette. — Listes des ôtages dans les journées des 24, 25, 26, 27 et 28 mai 1871. — Mort de l'archevêque et des PP. du Coudray...., par l'abbé Laurent AMODRU. Paris, 1871, 1 vol. in-8°, rel. chag.

450. **Darboy**, archevêque de Paris. — — Son oraison funèbre, par l'abbé PERRAUD. Paris, 1871, 1 vol. in-8°, rel. chag.

451. **Darboy**, archevêque de Paris. — Son éloge funèbre par l'abbé DIDON. Paris, 1871, 1 vol. in-8°, rel. chag.

452. **Darboy**, archevêque de Paris. — Ses esquisses familières, par Alexis PIERRON. Corbeil, 1872, 1 vol. in-8°, rel. chag.

453. **Darboy**, archevêque de Paris. — Ses œuvres pastorales, ses mandements et ses allocutions depuis son élévation au siége de Nancy jusqu'à sa mort, Adrien LE CLERC, éditeur à Paris. 1876, 2 vol. gr. in-8°, brochés.

454. **Defay**, Henri. — Etude sur la bataille qui a précédé le blocus d'Alise. Saint-Cloud, 1863, 1 vol. in-8°, rel. chag.

455. **Delalain**, Augustin, secrétaire de la Faculté de théologie de Paris. — Sa notice biographique, par GOSSIN, conseiller à la Cour. Paris, 1828, 1 vol. in-8°, rel. chag.

456. **Demongeot** (l'abbé). — Les locomotives inexplosibles et la direction à volonté de l'aérostat. Vassy 1839, broch. in-8°.

456 *bis*. **Delacroix.** — Le Décalogue. — A mes enfants, à la jeunesse. Chaumont, 1875, 1 vol. gr. in-8°, rel. chag.

457. **Deponthon**, général de division, inspecteur général du génie. — Sa notice nécrologique, par Lefaivre, colonel du génie en retraite. Paris, 1849, 1 vol. in-8°, rel. chag.

458. **Der** (Les moines du) avec pièces justificatives et notice historique sur Montiérender et Vassy, par l'abbé Bouillevaux. Chaumont, 1845, 1 vol. in-8°, rel. chag.

459. **Deseaux**. — Abrégé d'économie rurale et de comptabilité agricole, industrielle, etc. Bar-le-Duc, 1851, 1 vol. petit in-8°, rel. veau.

460. **Deschamps**, pharmacien à Lyon. — Sa notice biographique, par Grognier. Lyon, 1824, 1 vol. in-8° rel. chag.

461. **Desclaibes**, Louis-Charles, député de la noblesse. — Compte qu'il rend à ses commettants. Paris, 1791, 1 vol. in-8°, rel. chag.

462. **Desprez**, Claude. — Notice biographique sur Kléber et Marceau. Angers, 1857, 1 vol. in-12, rel. veau,

463. **Desprez**, Claude. — Notice sur les guerriers de la Vendée. Paris, 1856, 1 vol. in-12, rel. veau.

464. **Desprez**, Claude. — Notice sur l'armée de Sambre-et-Meuse. Angers, 1856, 1 vol. in-12, rel. veau.

465. **Desprez**, Claude. — Notice sur Lazare Hoche, d'après sa correspondance et ses notes. Angers, 1 vol. in-12, rel. veau.

466. **Désessarts**. —Précis historique de la vie, des crimes et du supplice de Robespierre et de ses complices. Bruxelles, 1797, 1 vol. gr. in-12, rel. veau.

467. **Diderot**. — A ses mânes. Londres, 1788, 1 vol. in-12 rel. chag.

468. **Diderot.** — Son éloge philosophique, par Eusèbe SALVERTE. Paris, 1801, 1 vol. in-8°, rel. chag.

469. **Diderot.** — Ses anecdotes, bons mots, plaisanteries, réflexions et pensées, par Cousin d'AVALON. Paris, 1810, 1 vol. in-18, rel. chag.

470. **Diderot.** — Mémoires historiques sur sa vie et ses ouvrages, par NAIGEON. Paris, 1821, 1 vol. in-8° rel. chag.

471. **Diderot.** — Sa biographie et ses mémoires, par DAMIRON. Paris, 1852, 1 vol. in-8°, rel. chag.

472. **Diderot.** — Etude nouvelle sur Diderot, par Pierre LAROUSSE. Paris, 1870, 1 vol. gr. in-8°, rel. chag.

473. **Diderot** et **Fréron**. — Documents sur les rivalités littéraires au XVIIIe siècle, par Etienne CHARAVAY, Paris, 1875, 1 vol. in-8°, rel. chag.

474. **Diderot.** — Sa notice biographique, 1 vol. in-8°, rel. chag.

475. **Diderot.** — Son esprit, ses maximes, ses pensées, etc., par Mme de VANDEUL. Bruxelles, 1 vol. in-18, rel. chag.

476. **Didelot**, curé de Saint-Dizier. — Discours prononcés à ses obsèques, par MM. ROBERT-DEHAULT et l'abbé HUTINEL. Saint-Dizier, 1873, 1 vol. petit in-8°, rel. chag.

477. **Saint Didier**, évêque de Langres. — Panégyrique prononcé dans l'Eglise de Villiers-le-Bel, par LATOUR DU PIN. Paris, 1765, 1 vol. in-12, rel. chag.

478. **Saint Didier**, évêque de Langres. — Sa vie et sa passion, représentées à Langres en 1482 et composées par l'abbé FLAMAND, publiées par J. CARNANDET. Chaumont, 1855, 1 vol. in-8°, rel. chag.

479. **Dixmerie** (de la). — Les deux âges du goût et du génie français sous Louis XIV et Louis XV, par DE LA DIXMERIE. Paris, 1769, 1 vol. in-8°, couvert en veau.

480. **Dollet,** Rose. — Les souvenirs d'un berger champenois. Paris, 1844, 1 vol. gr. in-12, rel. chag.

481. **Dollet,** Rose. — Les souvenirs d'un berger champenois. 1845, 1 vol. in-12, rel. chag.

482. **Dollet,** Rose. — Vie laborieuse de l'homme des champs. Châlons, 1851, 1 vol. in-12, rel. veau.

483. **Dollet,** Rose. — Aux hommes de bonne volonté. Vassy, 1870, 1 vol. in-12, rel. veau.

484. **Douette-Richardot.** — Tableau analytique des travaux et des expériences en agriculture. Paris, 1804, 1 vol. in-8°, rel. chag.

485. **Douette-Richardot.** — Rapport sur ses entreprises en agriculture. Paris, 1803, 1 vol. in-8°, rel. chag.

486. **Douette-Richardot.** — Recueil d'essais et d'expériences de la pratique en agriculture. Paris, 1806, 1 vol. in-8°, rel. veau.

487. **Douette-Richardot.** — Rapport à la Société d'Agriculture de la Haute-Marne, concernant l'état de diverses plantations, notamment la coupe des bois entre deux terres. Paris, 1808, 1 vol. in-8°, rel. chag.

488. **Doulaincourt.** — Mémoire pour Georges Robert, curé de Doulaincourt, et plusieurs habitants dudit lieu, détenus à la conciergerie du palais, contre Pierre de Pons leur seigneur, pour tentative d'assassinat sur ledit seigneur. 1679, 1 vol. in-4°, rel. chag.

489. **Doulaincourt**. — Statuts et règlement de la société agricole de Doulaincourt, par DESAUX. Chaumont, 1856, 1 vol. in-8°, rel. chag.

490. **Doulevant-le-Château** — Notice historique sur Doulevant, par PISSOT, notaire. Vassy, 1874, 1 vol. gr. in-8°, rel chag.

491. **Doulevant-le-Château**. — Notice historique sur Doulevant et ses seigneurs, suivie d'une courte notice sur les communes du canton, par l'abbé DIDIER. Vassy, 1871, 1 vol. in-8°, rel. chag.

492. **Dufour**, pair de France, intendant militaire, maire de la ville de Metz. — Sa notice historique et nécrologique. Metz, 1843, 1 vol. in-8°, rel. chag.

493. **Doulevant-le-Château**. — Bulletin du Comice agricole du canton de Doulevant. Vassy, 1852 à 1877. 2 vol. in-8°, rel. veau.

494. **Drioux** (l'abbé). — L'enseignement philosophique universitaire et ses doctrines. Paris, 1844, 1 vol. in-8°, rel. veau.

495. **Drouin**, Félix. — Catalogue des lettres autographes provenant de sa succession. Abbeville, 1865, 1 vol. in-8°, rel. chag.

496. **Durand**, maire de la ville de Langres. — Discours prononcé à ses funérailles, par VILLARD, avocat. Langres, 1867, 1 vol. in-8°, rel. chag.

497. **Voisin** (l'abbé du), professeur de Sorbonne. — L'autorité des livres du nouveau Testament, contre les incrédules. Paris, 1775, 1 vol. in-12, couvert en veau.

498. **Voisin** (l'abbé du), professeur de Sorbonne. — L'autorité des livres de Moïse, établie et défendue contre les incrédules. Paris, 1778, 1 vol. in-12, couvert en veau.

499. **Voisin** (l'abbé du), professeur de Sorbonne. — Démonstration évangélique sur la tolérance. Paris, 1810, 1 vol. in-8°, couvert en veau.

500. **Duvet,** Jean, dit le maître à la licorne. — Sa vie et ses œuvres, par Julien DE LA BOULLAYE. Paris, 1876, 1 vol. in-8°, rel. chag.

501. **Donjeux**. — Conte de la Méluzine du château de Donjeux. Paris, 1765, brochure in-12.

502. **Douette-Richardot**. — Rapport sur ses nouveaux et anciens travaux en agriculture. Langres, 1810, 1 vol. in-4°, rel. chag.

503. **Diderot**. — Sa vie et ses ouvrages, traduction allemande, par Rozemkranz. Leipzig, 1866, 2 vol. in-8°, rel. chag.

504. **Diderot et Fréron**. — Documents sur les rivalités littéraires au XVIIIe siècle, par Etienne CHARAVAY, Paris, 1875, 1 vol. in-8°, rel. chag.

505. **Didier** (l'abbé). — Les causes de nos désastres pendant la guerre de 1870-1871. Vassy, 1871, 1 vol. in-8°, rel. veau.

505 *bis*. **Didier** (l'abbé). — L'Eglise, l'Université et l'Etat devant l'enseignement. Saint-Dizier, 1874, 1 vol. in-8°, rel. veau.

505 *bis* A. **Dimey**, Edouard. — Essai sur nos dynasties, leur avènement et leur chute. Paris, 1855, 1 vol. in-8°, rel. veau.

505 *bis* B. **Dollet**, Rose. — Les drapeaux français. Vassy, 1861, 1 vol. gr in-12, rel. veau.

505 *bis* C. **Dollet,** Rose. — La polémique entre deux campagnards, un avocat et un ami de la poësie. Vassy, 1 vol. in-12, rel. veau.

505 *bis* D. **Drouin**. — Manuel de civisme. — L'éducation nationale sur les inspirations et les œuvres de l'esprit. Paris, 1856, 1 vol. in-12, rel. veau.

505 *bis* E. **Dubosque**, conducteur des ponts et chaussées. — Instructions pratiques sur la réparation et l'entretien des chaussées et empierrements. Vassy, 1876, 1 vol. in-12, rel. veau.

505 *bis* F. **Damas** (le marquis de). — Son procès avec M. Royer, son régisseur. — Mémoires, notes, conclusions, jugements, rapports, etc. 1863 à 1869, 13 cahiers et brochures tant imprimés que manuscrits.

506. **Electorales** (les) de 1847. Chaumont, 1847, 2 brochures in-12.

507. **Eponine et Sabinus**. — Notice historique, par Jean-Baptiste Leclerc. Liége, 1817, 1 vol. in-8°, rel. chag.

508. **Enseignement** (de l') philosophique universitaire et des doctrines qu'il lui faudrait substituer, par l'abbé Drioux. Paris, 1844, 1 vol. in-8°, rel. chag.

509. **Enseignement**. — Exposé de la situation de l'enseignement dans la Haute-Marne, par Fayet. Chaumont, 1854, 1 vol. in-8°, broché.

510. **Etangs** (des). — Sa biographie et ses œuvres maçonniques. Institutions, initiations, fêtes et cérémonies. — La franc-maçonnerie justifiée, les éloges funèbres, discours de l'épée, etc., etc. Paris, 1848, 1 vol. in-4°, rel. chag.

511. **Etienne**, poëte dramatique. — Bibliothèque dramatique ou répertoire universel du théâtre français. Paris, 1824, 2 vol. in-8°, rel. veau.

512. **Etienne,** auteur dramatique. — Sa vie, ses œuvres. Essai biographique et littéraire, par Léon THIESSÉ. Paris, 1853, 1 vol. in-8°, rel. chag.

513. **Etienne**, poëte dramatique. — Discours prononcé à ses funérailles, par VILLEMAIN, membre de l'Institut. Paris, 1845, 1 vol. in-4°, rel. chag.

514. **Etienne,** poëte dramatique. — Discours prononcé à ses funérailles, par VIENNET, membre de l'Académie française. Paris, 1845, 1 vol. in-4°, rel. chag.

515. **Etienne**, poëte dramatique. — Les deux gendres, comédie en 5 actes et en vers. Paris, 1812, 1 vol. in-8°, broché.

516. **Etienne**, poëte dramatique. — Ses œuvres. Paris, 1846 à 1853, 5 vol. in-8° rel veau.

517. **Eurville**. — Consécration de l'Eglise. Chaumont, 1855, 1 vol. in-8°, rel. chag.

518. **Evrard.** — Vie et culte de Saint-Evrard, par l'abbé MARICHAL. Langres, 1866, 1 vol. in-8°, rel. chag.

519. **Esnoms**. — Notice historique et archéologique sur la paroisse d'Esnoms, par M. MAIRE. Dijon, 1869, 1 vol. in-8°, rel. chag.

520. **La Luzerne** (de) évêque de Langres. — Instruction sur l'excellence de la religion. Langres, 1786, 1 vol. in-4°, couvert en veau.

521. **La Luzerne** (de), évêque de Langres. — Instruction sur l'administration des sacrements. Langres, 1 vol. in-4°, couvert en veau.

522. **La Luzerne** (de), évêque de Langres. - Instructions sur le rituel de Langres. Besançon, 1 vol. in-4°, couvert en veau.

523. **Morale chrétienne** (la) rapportée aux instructions de Jésus-Christ. Paris, 1673, 1 vol. in-4°, couvert en veau.

524. **Langres**. — Les coutumes des bailliages de Langres et de Sens avec les coutumes voisines, par Juste de Laistre, avocat. Paris, 1731, 1 vol. in-4°, couvert en veau.

525 et 526. **Failly** (de), député de la Haute-Marne. — Son opinion sur les associations politiques. Paris, 1834, 2 vol. in-8°, rel. chag.

527. **Fays-Billot.** — Histoire de la ville de Fays-Billot et des villages du canton, par l'abbé Briffaut. Besançon, 1860, 1 vol. in-8°, rel. chag.

528. **Fériel**, Jules, conseiller à la Cour d'appel de Dijon. — Sa notice biographique, par Jules Simonnet, conseiller à la même Cour d'appel. 1 vol. gr. in-8°, rel. chag.

529. **Febvre**, économe du grand séminaire de Langres. — Sa notice biographique, par l'abbé Maugère. Langres, 1872, 1 vol. gr. in-8°, rel. chag.

530. **Fériel**, Jules. — Résumé d'archéologie appliquée aux monuments religieux. Langres, 1846, 1 vol. in-12, rel. veau.

531. **Fériel**, Jules. — Son discours pour sa réception à l'académie de Dijon. 1861, 1 vol. in-8°, rel. veau.

532. **Fèvre ?** (l'abbé). — Le budget du presbytère ou considérations sur la condition temporelle du clergé catholique. Troyes, 1858, 1 vol. in-8°, rel. veau.

533. **Fèvre** (l'abbé). — Du gouvernement temporel de la providence. Paris, 1859, 2 vol. in-18, rel. veau.

534. **Fèvre** (l'abbé). — Du mystère de la souffrance comme mystère de la vie. Besançon, 1860, 1 vol. gr. in-12, rel. veau.

534 *bis*. **Fèvre** (l'abbé). — Réflexions sur l'usage du tabac. Vassy, 1863, 1 vol. gr. in-12, rel. veau.

535. **Fèvre** (l'abbé). — La mission de la bourgeoisie, suivie d'études sur le gouvernement, le clergé, la noblesse et le prolétariat. Bar-le-Duc, 1864, 1 vol. gr. in-12, rel. veau.

536. **Fèvre** (l'abbé). — Histoire universelle de l'Eglise catholique. Saint-Amand, 1874, 1 vol. gr. in-8°, broché.

537. **Formulaire général** (le) des actes de l'état civil, par Alexandre BERNARDIN, procureur du roi à Vassy. Langres, 1832, brochure in-8°.

538. **Fèvre** (l'abbé). — L'éducation des enfants à la maison paternelle. Bar-le-Duc, 1862, 1 vol. in-12, broché.

539. **Fèvre** (l'abbé). — De la restauration de la musique religieuse. Chaumont, 1864, 1 vol. gr. in-8°, rel. veau.

540. **Fèvre** (l'abbé). — L'église catholique et les journaux impies. Chaumont, 1864, 1 vol. gr. in-8°, rel. veau.

541. **Fèvre** (l'abbé). — Du réalisme dans la littérature. Chaumont, 1865, 1 vol. gr. in-8°, rel. veau.

542. **Fèvre** (l'abbé). — Les vignettes romaines. Troyes, 1866, 1 vol. in-8°, rel. veau.

543. **Fèvre** (l'abbé). — Le clergé de France et la philosophie. Chaumont, 1867, 1 vol. in-8°, rel. veau.

544. **Fèvre** (l'abbé). — Le sermon sur Jésus-Christ modèle du chrétien, considéré comme pasteur. Pont-à-Mousson, 1868, 1 vol. in-4°, rel. veau.

545. **Fèvre** (l'abbé). — Henri V, l'Eglise et la Révolution. Châtillon, 1872, 1 vol. in-12, rel. veau.

546. **Fèvre** (l'abbé). — Du devoir dans les épreuves de l'Eglise. Vassy, 1872, 1 vol. in-18, rel. veau.

547. **Flammarion,** Camille. — Etude sur la pluralité des monde habités. Paris, 1862, 1 vol. in-8°, rel. veau.

548. **Flamarion,** médecin. — Le livret du docteur. — Souvenirs de la campagne de 1870-1871, contre l'Allemagne et contre la Commune de Paris. Chaumont, 1872, 1 vol. in-12, rel. veau.

549. **Floriot,** Pierre. — La morale chrétienne rapportée aux instructions données par Jésus-Christ dans l'oraison dominicale. Paris, 1686, 1 vol. gr. in-8°, couvert en parchemin.

550. **Floriot,** Pierre. — Traité de la Messe de paroisse, où l'on découvre les mystères cachés. Paris, 1679. 1 vol. petit in-8°, couvert en veau.

551. **Forgemont.** — La découverte des fausses conséquences des ministres de la religion prétendue réformée. Paris, 1619, 1 vol. in-12, couvert en parchemin.

552. **Forges-sur-Marne.** — Nécessité de créer une commune de ce nom, près de Saint-Dizier, par de HÉDOUVILLE. Paris, 1875, 1 vol. gr. in-8°, rel. chag.

553. **Defrance,** général de division. — Sa notice biographique Paris, 1 vol. gr. in-8°, rel. chag.

554. **Françoise,** sœur supérieure de la Providence de Langres. — Sa vie abrégée, par l'abbé GODARD. Chaumont, 1856, 1 vol. in-12, rel. chag.

555. **Frochot,** préfet de la Seine. — Sa vie, ses œuvres, par Louis PASSY. Evreux, 1867, 1 vol. in-8°, rel. chag.

556. **Fontaines-sur-Marne** et **Gourzon**. — L'aqueduc de construction romaine, par POTHIER, juge de paix. Paris, 1866, 1 vol. in-4°, rel. chag.

557. **Feuillette** (l'abbé). — Son discours sur l'Ordre de Saint-Dominique et les besoins de notre temps. Nancy, 1874, 1 vol. in-8°, rel. veau.

558. **Fèvre** (l'abbé). — Les constructions d'églises. Chaumont, 1863, 1 vol. in-8°, rel. veau.

559. **Fèvre** (l'abbé). — La légitimité de la IVe dynastie et les étrennes de l'Impératrice. Chaumont, 1863, 1 vol. in-8°, rel. veau.

559 A. **Flammarion**, Camille. — La pluralité des mondes habités. Paris, 1869, 1 vol. in-8°, rel. veau.

559 B. **Flammarion**, Camille — Les derniers jours d'un philosophe. Paris, 1869, 1 vol. petit in-8°, rel. veau.

559 C. **Flammarion**, Camille. — Les contemplations scientifiques. — La nature, la science, l'industrie. Coulommiers, 1870, 1 vol. petit in-8°, rel. veau.

559 D. **Flammarion**, Camille. — Vie et œuvres de Copernic. — Histoire de la découverte du système du monde. Abbeville, 1872, 1 vol. petit in-8°, rel. veau.

559 E. **Flammarion**, Camille. — Les mondes imaginaires et les mondes réels. — Voyage pittoresque dans le ciel. Paris, 1872, 1 vol. petit in-8°, rel. veau.

559 F. **Flammarion**, Camille. — Dieu dans la nature. — Le ciel, la vie, l'âme. Paris, 1875, 1 vol. petit in-8°, rel. veau.

559 G. **Flammarion**, Camille. — Les merveilles célestes. — Lecture du soir. Paris, 1875, 1 vol. petit in-8°, rel. veau.

559 H. **Flammarion**, Camille. — Etudes et lectures sur l'astronomie. Paris, 1867 à 1875, 6 vol. petit in-8°, rel. veau.

560. **Garnier**, grand vicaire de Trèves. — Le manuel chrétien de la jeunesse. — Recueil d'exercices de piété. Mayence, 1813, 1 vol. in-12, rel. veau.

561. **Garnier**, Simon, évêque de Vannes — Instructions et statuts diocésains sur le sacrement de mariage. Vannes, 1827, 1 vol. in-8°, rel. veau.

562. **Girault** (l'abbé). – Les couplets moraux suivis d'un poëme héroï-comique. Chaumont, 1813, 1 vol. in-12, rel. en parchemin.

563. **Gauchat** (l'abbé). — Accord du christianisme et de la raison. Paris, 1768, 4 vol. in-12, couverts en veau.

564. **Gérard de Hauterive**. — Généalogie curieuse de saint François d'Assises. — Facéties et curiosités. Nancy, 1863, 1 vol. in-8°, cartonné.

565. **Godard** (l'abbé), Léon. — Sa biographie, par CARNANDET. Chaumont, 1863, 1 vol. in-12, rel. chag.

566. **Godard** (l'abbé), Léon. — La vie de sœur Gabrielle Gauchat, trappistine et visitandine, pendant la Terreur. — Journal et mémoires. Chaumont, 1855, 1 vol. in-8°, rel. chag.

567. **Girault de Prangey**. — Notice sur deux ouvrages relatifs à l'architecture des Arabes et des Maures. Paris, 1842, 1 vol. in-8°, rel. chag.

568. **Gossin**, membre du comité de constitution. — Son rapport à l'assemblée sur le 4e département de Champagne. Chaumont, 1790, brochure in-8°.

569. **Gousset** (le cardinal), archevêque de Reims. — Sa vie, ses œuvres. Paris, 1 vol. in-12, rel. chag.

570. **Parisis**, évêque de Langres. — Son discours à la distribution des prix du Séminaire. Châtillon, 1850, 1 vol. in-12, broché.

571. **Guyard**, Laurent, sculpteur. — Sa notice historique par VARNEY. Chaumont, 1806, 1 vol. in-8°, rel. chag.

572. **Guyard**, Laurent, sculpteur. — Sa notice historique, par Emile JOLIBOIS, archiviste. Rethel, 1841, 1 vol. in-8°, rel. chag.

573. **Guyard**, Laurent, sculpteur. — Sa notice historique, par VARNEY. Chaumont, 1860, 1 vol. in-8°, rel. chag.

574. **Guignard**, dit Lamphion — Une succession ratée. — Nouvelle brésilienne. Chaumont, 1875, 1 vol. in-8°, broché.

575. **Guenin**, Mathieu. — Manuel de la jeunesse, pensées morales, maximes, proverbes, etc , ou guide de ceux qui aspirent au bien-être temporel et spirituel. Troyes, 1842, brochure in-12.

576. **Grignon**, maître de forges. — Mémoire sur la physique, la minéralogie, l'histoire naturelle, la navigation de la Marne. Paris, 1775, 1 vol. in-4°, rel. chag.

577. **Gudmond** (la commune de), contre les héritiers Martinet au sujet de la propriété des Bois. Dijon, 1815, 1 vol. in-4°, rel. chag.

578. **Gudmont** (la commune de), contre ses anciens seigneurs, au sujet des droits seigneuriaux. Paris, 1791, 1 vol. in-4°, rel. chag.

579. **Guillaumot,** Henri. — Notice sur Charles Ier, roi de Wurtemberg. Langres, 1870, brochure in-8°.

580. **Guillaumot**, Henri. — Notice sur le Kédive d'Egypte. Pau, 1869, brochure in-8°.

581. **Guillaumot**, Henri. — Notice sur le Duc de Saxe-Cobourg-Gotha. Saint-Dizier, 1870, brochure in-8°.

582. **Guillaumot**, Henri. — Notice sur Jean, roi de Saxe, Saint-Dizier, 1870, brochure in-8°.

583. **Guillaumot**, Henri. — Les renégats de la bande rouge. Clermont-Ferrand, 1876, brochure in-12.

584. **Guillaumot**, Henri. — Histoire populaire de l'Empire second. Chaumont, 1872, brochure in-12.

585. **Guillaumot**, Henri. — La morale révolutionnaire en action Clermont-Ferrand, 1878, brochure in-12.

586. **Guillemin**, Alexandre — Vie du curé Simon, archiprêtre. Tours, 1859, 1 vol. in-12, broché.

587. **Théophilantropes** (les) ou les adorateurs de Dieu et amis des hommes. Paris, 1797, 1 vol. in-18, broché.

588. **Guise**. — La légende de Charles, cardinal de Lorraine, celle de ses frères et de la maison de Guise, par François de l'Isle. Reims, 1579, 1 vol. in-12, rel. chag.

589. **Guise.** — Les cérémonies et honneurs rendus au deuil et enterrement du prince Claude de Lorraine, duc de Guise et d'Aumale, Pair de France, auquel sont déclarées toutes les cérémonies de la Chambre d'honneur; — du transport du corps; — de l'assiette de l'Eglise; — de l'ordre de l'offrande et grand deuil; — avec les blasons de toutes les pièces d'honneur et bannières armoyées de ses lignes et alliances, par Edmond du Boullay. Paris, 1550, 1 vol. in-12, rel. chag.

590. **Guise**. — Légende, vie et œuvres de Claude de Guise abbé de Cluny, par DAGONNEAU ou Gilbert REYNAUD. 1581, 1 vol. in-12, couvert en veau.

591. **Guise**. — Discours sur le droit prétendu à la couronne de France par la maison de Guise. 1583, 1 vol. in-12, couvert en soie rouge.

592. **Guise**. — Intention et but de la maison de Guise dans la prise des armes. 1585, 1 vol. in-12, rel. chag.

593. **Guise**. — Plainte et remontrance faites au roi et à la reine-mère, par le duc de GUISE, touchant la guerre et les troubles dans le royaume. Paris, 1588, 1 vol. in-12, rel. chag.

594. **Guise**. — Copie d'une lettre écrite au roi de France, touchant des plaintes contre la maison de Guise. Paris, 1588, 1 vol. in-12, rel. chag.

595. **Guisade**. — Notices historiques et critiques de la Guisade. — Tragédie nouvelle dans laquelle est représenté le massacre du duc de Guise, par Pierre MATHIEU, avocat à Lyon. Lyon, 1589, 1 vol. in-8°, couvert en veau.

596. **Guise**. — Les moyens tenus pour emprisonner le cardinal de Bourbon, prince de Ginville, duc d'Albeuf, prévôt des marchands de Paris et des seigneurs catholiques, pendant les Etats tenus à Blois. Paris, 1589, 1 vol. petit in-8°, rel. chag.

597. **Guise**. — Discours sur le meurtre et assassinat d'Henry de Lorraine, duc de Guise, commis dans la ville de Blois, le 24 décembre 1588. Orléans, 1589, 1 vol. petit in-8°, couvert en veau.

598. **Guise**. — Prosopopée offerte par la ville de Paris pour le tombeau d'Henry de Lorraine, chevalier de Guise. Paris, 1614, 1 vol. in-12, rel. veau.

599. **Guise.** — Discours sur la mort de Charles de Lorraine, duc du Maine, pair de France, et diverses pièces sur les ducs et princes de Guise de 1563 à 1611. Paris, 11 brochures formant 1 vol. in-12, rel. chag.

600. **Guise.** — Les dernières paroles du chevalier de Guise, étant aux agonies de la mort. Paris, 1614, 1 vol. in-12, rel. veau.

601. **Guise.** — Le tombeau du chevalier de Guise, par du PESCHIER. Paris, 1614, 1 vol. in-12, rel. veau.

602. **Guise.** — Lettre du duc de Guise à la reine régente au sujet de sa détention à Naples et de son affection à Mademoiselle de Pont. Paris, 1649, 1 vol. in-8°, rel. veau.

603. **Guise.** — L'état de la République de Naples sous le gouvernement du duc de Guise, par Mademoiselle Marie TURGE-LOREDAN. Paris, 1679, 1 vol. in-18, couvert en veau.

604. **Guise.** — Les mémoires d'Henry de Lorraine, duc de Guise. Paris, 1681, 1 vol. in-12, rel. chag.

605. **Guise.** — La vie et les œuvres de François de Lorraine, duc de Guise. Paris, 1681, 1 vol. in-12, rel. chag.

606. **Guise.** - La vie et les œuvres d'Henry de Lorraine. Paris, 1694, 1 vol. in-12, rel. chag.

607. **Guise.** — L'histoire et les amours d'Henry de Lorraine, duc de Guise. Paris, 16?5, 1 vol. in-12, rel. chag.

608. **Guise.** — Notes historiques et tragédie sur Henry de Lorraine, duc de Guise. Breslau, 1796, 1 vol. in-8°, couvert en veau.

609. **Guise**. — Observations sur plusieurs lettres inédites de François et d'Henry de Lorraine, ducs de Guise. Paris, 1822, 1 vol. gr. in-8°, rel. chag.

610. **Guise**. — La vie et le portrait de François de Lorraine duc de Guise, par Hadot. 1 vol. in-4°, rel. chag.

611. **Guise**. — Le séjour à Naples d'Henry de Lorraine duc de Guise. — Ses exploits ou mémoires sur les révolutions de ce royaume en 1647 et 1648. Paris, 1825, 1 vol. gr. in-8°, couvert en chagrin.

612. **Guise**. — La vie et les œuvres de Charles, cardinal de Lorraine, par H. Paris, membre de l'Académie de Paris. Reims, 1845, 1 vol. gr. in-8°, rel. chag.

613. **Guise**. — Les mémoires d'Henry de Lorraine, duc de Guise. Paris, 1668, 1 vol. in-12, rel. chag.

614. **Guise**. — Notice historique et tragédie en 5 actes et en vers, sur les Etats de Blois et sur Henry de Lorraine, duc de Guise, par Raynouard, membre de l'Institut. Paris, 1814, 1 vol. in-8°, rel. chag.

615. **Guise**. — Les Etats de Blois et la mort des Guise. — Scènes historiques, par Vitet. Paris, 1827, 1 vol. in 8°, rel. chag.

616. **Guise**. — Scènes historiques, les barricades, en mai 1588, par Vitet. Paris, 1827, 1 vol. in-8°, rel. chag.

617. **Guise**. — La mort de Henri III. — Scènes historiques par Vitet. Paris, 1829, 1 vol. in-8°, rel. chag.

618. **Guise**. — Influence politique et religieuse du cardinal de Lorraine, au seizième siècle. — Sa vie, ses exploits, par Guillemin, professeur. Reims, 1847, 1 vol. in-8°, rel. chag.

619. **Guise**. — Histoire générale des ducs et princes de Guise, de 1496 à 1789, par RÉNÉ DE BOUILLÉ, ministre plénipotentiaire. Paris, 1849, 4 vol. in-8°, rel. chag.

620. **Guise**. — Vies, exploits, mémoires et correspondances des ducs et princes de la maison de Guise, des Valois et de Philippe II, par JOSEPH DE CROZE. Paris, 1866, 2 vol. in-8°, rel. chag.

621 **Guise** — Le duc de Guise dans l'Auxerrois (1593). — Notes et documents pour l'histoire locale. Auxerre, 1859, 1 vol. in-8°, rel. chag.

622. **Guise**. — Le duc de Guise à Naples. — Notes et documents, par A. ERDAN. Brochure in-4°.

623. **Guise**. — La mort de Henry de Lorraine, duc de Guise. — Tragédie en 5 actes, par le baron HIMBERT DE FLÉGNY, ancien préfet. Paris, 1823, 1 vol. in-8°, rel. chag.

624. **Gillet**, substitut à Toul. — La garde nationale mobile du département de la Haute-Marne, à Langres, en 1870-1871. Paris, 1872, brochure in-8°.

625 et 626. **Géologie**. — La carte géologique du département de la Haute-Marne, par MM. ROYER et BAROTTE. Paris, 1859 à 1864, 2 exemplaires collés sur toile.

627. **Guerrin**, évêque de Langres. — Oraison funèbre prononcée à ses obsèques, par BESSON, évêque de Nîmes. Langres, 1877, 1 vol. in-8° rel. chag.

628. **Guignard**, dit Lamphion. — Un voyage de 15 jours en Bretagne Chaumont, 1873, 1 vol. in-8°, rel. veau.

629. **Guignard**, dit Lamphion. — Une succession ratée. — Nouvelle brésilienne. Chaumont, 1875, 1 vol. in-8°, broché.

629 . **Garnier** (l'abbé). — Entretiens sur la vie de sainte Philomène, et la dévotion du curé d'Ars. Langres, 1866, 1 vol. in-12, rel. veau.

629 B. **Garnier** (l'abbé). — Mon pélerinage aux lieux saints. Langres, 1874, 3 vol. in-8°, rel. veau.

629 C. **Godard** (l'abbé) Léon. — Domenica. — Petites scènes historiques. Paris, 1862, 1 vol. in-8°, rel. veau.

629 D et 629 E. **Godard** (l'abbé) Léon. — Les principes de 1789 et la doctrine catholique. Paris, 1861 et 1863, 2 vol. grand in-8°, rel. veau.

629 F. **Godard** (l'abbé) Léon. — Discours sur les principes de 1789, lu à l'Académie pontificale de la religion catholique par NARDI, auditeur à Rome, et traduit par l'abbé LÉON GODARD. Paris, 1862, 1 vol. grand in-8°, rel. veau.

630. **Haâs**, C.-P.-Marie, chef de division à la préfecture de la Haute-Marne. — Les grandes questions ou l'agriculture et les assurances agricoles et autres obligatoires. Chaumont, 1859, 1 vol. grand in-8°, rel. veau.

631. **La Luzerne** (de), évêque de Langres. — Dissertation sur l'existence et les attributs de Dieu. Paris, 1818, 1 vol. in-12, couvert en veau.

632. **Langres**. — Dissertation sur l'Eglise de Langres. — Paris, 1632, 1 vol. petit in-4°, rel. veau.

633. **Haâs**, C.-P.-Marie, chef de division à la préfecture de la Haute-Marne. — L'administration de la France. Chaumont, 1861, 4 vol. in-8°, rel. veau.

634. **Haâs**, C.-P.-Marie, chef de division à la préfecture de la Haute-Marne. — Un avocat du midi. — Ses œuvres judiciaires, politiques, etc. Chaumont, 1862, 1 vol. petit in-8°, rel. veau.

635. **Haldat** (de), Charles-Nicolas-Alexandre, membre de l'Institut de France, etc. — Sa vie, ses œuvres. Paris, 1 vol. in-4°, rel. chag.

636. **Hanin**. — Odes d'Horace, traduites et commentées. Joinville, brochure in-4°.

637. **Hanin**. — Essai sur l'épisode d'Euryale et Nisus. Joinville, brochure in-4°.

638. **Hanipaux** (jésuite). — Sa notice biographique, par l'abbé Servais. Langres, 1873, 1 vol. petit in-8°, rel. chag.

639. **Harmand**, ex-bibliothécaire de la ville de Troyes. — Expertise, réquisitoire, plaidoyer et condamnation contre lui. Bar-sur-Seine, 1873, 1 vol. in-8°, rel. chag.

640. **Harmand**, ex-bibliothécaire de la ville de Troyes. — Catalogue des livres rares, singuliers et curieux, des manuscrits, des médailles, des gravures, des autographes, etc., qui composaient les bibliothèques dudit Harmand. Arcis-sur-Aube, 1873, 1 vol. in-8°, rel. chag.

641. **Haute-Marne**. — Géographie. — Le conducteur français, contenant les routes desservies par les voitures publiques. — Route de Langres à Besançon, par Denis, géographe. Paris, 1779, brochure in-8°.

642 et 643. **Haute-Marne**. — Le département méridional de la Champagne, désigné sous le nom de Haute-Marne. — Sa division en district et ses limites, par le comité de constitution. Paris, 1790, 2 vol. in-4°, rel. veau.

644. **Haute-Marne**. — Tableau des communes du département, par Dardenne. Chaumont, 1836, 1 vol. grand in-4°, rel. veau.

645. **Haute-Marne.** — Notice sur le département et voyage en France, enrichie de tableaux géographiques et d'estampes, par MM. Briois et La Vallée. Paris, 1793, brochure in-8°.

646. **Haute-Marne.** — Géographie historique du département, par Berthet, membre de plusieurs sociétés savantes. Saint-Dizier, 1834, 1 vol. in-12, rel. veau.

647. **Haute-Marne.** — Géographie du département, par Quantin. Paris, 1847, 1 vol. in-12, rel. veau.

648. **Haute-Marne.** — La géographie historique, industrielle et statistique de la Haute-Marne, par Carnandet. Chaumont 1858, 1 vol. in-12, rel. veau.

649. **Haute-Marne.** — Précis géographique et historique sur les cantons de Doulevant et Montiérender, par Rignier. Vassy, 1859, 1 vol. in-12, rel. veau.

650. **Haute-Marne.** — Notice historique et pittoresque du département. Chaumont 1855, 1 vol. grand in-4°, rel. veau.

651. **Haute-Marne.** — La revue champenoise, par Carnandet. Chaumont, 1856, 1 vol. grand in-4°, rel. veau.

2. **Haute-Marne.** — Dictionnaire historique, statistique, industriel, géographique et biographique de la Haute-Marme ancienne et moderne, par Emile Jolibois, archiviste. Chaumont, 1858, 1 vol. in-4°, rel. veau.

653. **Haute-Marne.** — Notice historique, politique, industrielle, administrative et artistique de la Haute-Marne. Chaumont, 1847, 1 vol. in-12, broché.

654. **Haute-Marne.** — La géographie historique, industrielle et statistique de la Haute-Marne, par Carnandet. Chaumont, 1860, 1 vol. in-12, rel. veau.

655. **Haute-Marne**. — Cahiers géographiques, historiques, à l'usage des écoles primaires de la Haute-Marne, par MALARD, professeur. Chaumont, 1867, 1 vol. in-8°, rel. veau.

656. **Haute-Marne**. — Petite géographie historique à l'usage des écoles primaires de la Haute-Marne, par MOCQUART. Langres, 1867, 1 vol. in-12, rel. veau.

657. **Haute-Marne**. — Extrait de la géographie de la France. — Partie de la géographie concernant la Haute-Marne, par LA VALLÉE, 1 vol. in-4°, rel. veau.

658. **Haute-Marne**. — Géographie d'une partie de la Haute-Marne, par MALTE-BRUN. — Extrait de la France illustrée. Paris, 1 vol. in-4°, rel. veau.

659. **Haute-Marne**. — Géographie historique pour la Haute-Marne, à l'usage de l'enseignement primaire, par LE VASSEUR, membre de l'institut. Abbeville, 1873, 1 vol. in-12, rel. veau.

660. **Haute-Marne**. — Géographie d'une partie de la Haute-Marne et des départements de la France, par LE BÉALLE. Paris, 1 vol. in-4°, rel veau.

661. **Haute-Marne**. — Géologie. — Description des étages jurassiques supérieurs de la Haute-Marne, par MM. DE LORIOL, ROYER et TOMBECK. Caen, 1872, 1 vol. in-4°, rel. veau.

662. **Haute-Marne**. — Géologie. — Composition chimique et formation des couches de la grande oolithe dans la Haute-Marne, par ERNEST GUIGNET. Paris, 1869, 1 vol. in-4°, rel. veau.

663. **Haute-Marne**. — Géologie. — Description des étages jurassiques supérieurs de la Haute-Marne, par TOMBECK. Paris, 1872, 1 vol. in-8°, rel. veau.

664. **Haute-Marne.** — Géologie. — Note sur les terrains portlandiens et coralliens de la Haute-Marne, par Tombeck, professeur à Condorcet. Paris, 1868, 1 vol. in-8°, rel. veau.

665. **Haute-Marne**. — Géologie. - Note sur la carte géologique de MM. Royer et Barotte, par Jules Martin, 1866, 1 vol. in-8°, rel veau.

666. **Haute-Marne**. — Note sur les minières de fer de l'arrondissement de Vassy, par Salzard. Saint-Dizier, 1872, 1 vol. in-8°, rel. veau.

667. **Haute-Marne**. — Géologie. — Description des entomostracés, fossiles du terrain crustacé de la Haute-Marne, par Cornuel. Paris, 1 vol. in-4°, rel. veau.

668. **Pardaillan** (de) évêque de Langres. — Diournoux du diocèse de Langres. 1731, 1 vol. in-12, couvert en veau.

669. **Haute-Marne**. — La clef des sources ou l'art de les découvrir. Langres, 1849, 1 vol. in-12, rel. veau.

670. **Haute-Marne**. — Géologie. — Notice sur les gîtes de minerai de fer du terrain néocomien de la Haute Marne, par Thirria, ingénieur des mines. 1 vol. in-8°, rel. veau.

671. **Haute-Marne**. — Notice explicative sur la carte géologique de la Haute-Marne, par MM. Royer et Barotte. Paris, 1865, 1 vol. in-8°, rel. veau.

672. **La Luzerne** (de), évêque de Langres. — Cours de philosophie à l'usage du séminaire. Langres, 1778, 3 vol. petit in-8°, brochés.

673. **Haute-Marne**. — Tableau des distances des communes de la Haute-Marne. Chaumont, 1852, 1 vol. in-4°, rel. veau.

674. **Haute-Marne.** — Instructions sur les attributions imposées au directoire de la Haute-Marne. Paris, 1790, 1 vol. in-4°, rel. veau.

675. **Haute-Marne.** — Description topographique et statistique de la Haute-Marne. Paris, 1810, 1 vol. in-4°, rel. veau.

676. **Haute-Marne.** — Tableau des distances des communes de la Haute-Marne. Chaumont, 1817, 1 vol. in-12, rel. veau.

677. **Haute-Marne.** — Tableau des distances des communes de la Haute-Marne. Chaumont, 1851, 1 vol. in-12, rel. veau.

678. **Haute-Marne.** — Dictionnaire des Postes de la Haute-Marne, contenant l'indication des communes, hameaux, fermes, châteaux, forges, moulins, et maisons isolées, avec les noms des bureaux qui les desservent. 1858, 1 vol in-8°, autographié, rel. veau.

679. **Haute-Marne.** — Les enfants trouvés et les filles-mères. — Fermeture des tours d'exposition. Chaumont, 1859, 1 vol. in-12, rel. veau.

680. **Haute-Marne.** — Les tablettes historiques de la Haute-Marne, par Carnandet. Chaumont 1856, 1 vol. in-8°, rel. veau.

681. **Haute-Marne.** — Recherches sur les périodiques de la Haute-Marne. — Les almanachs, les annuaires etc., par Carnandet. Chaumont, 1861, 1 vol. petit in-8°, rel. veau.

682. **Haute-Marne.** — Lettre aux membres de la Société de Saint-Vincent-de-Paul, par Havret, avocat à Vassy. Vassy, 1862, 1 vol. in-8°, rel. veau.

683. **Haute-Marne**. — Conversation politique entre deux paysans de la Haute-Marne, par un officier de la garde urbaine. Langres, 1816, 1 vol. in-8°, rel. veau.

684. **Haute-Marne**. – Règlement pour la conservation des bois nationaux, communaux et des particuliers dans la Haute-Marne. Chaumont, 1795, 1 vol. in-8°, rel. veau.

685. **Haute-Marne**. — Tableau des valeurs successives du papier-monnaie dans la Haute-Marne Chaumont, 1797, 1 vol. in-8°, rel. veau.

685 *bis*. **Hédouville** (de) Louis. — Essai sur le régime des eaux dans ses rapports avec l'agriculture. Bar-le-Duc, 1877, 1 vol. in-8°, rel. veau.

686. **Henrion de Pansey**. — De l'administration des bois communaux, de la police rurale et forestière. Paris, 1833, 1 vol. in-8°, broché.

687. **Henrion de Pansey**. — De la compétence des juges de paix. — Paris, 1812, 1 vol. in-8°, rel. veau.

688. **Henrion de Pansey**. — Sa vie, ses ouvrages, par Rozet, avocat. Paris, 1829, 1 vol. in-8°, rel. chag.

689. **Henrion de Pansey**. — Notice sur sa vie, son éloge et ses œuvres, par Forgues Paris, 1829, 1 vol. in-8°, rel. chag.

690. **Henrion de Pansey**. — Notice sur sa vie et ses œuvres, par Bernard, avocat. Paris 1829, 1 vol. in-8°, rel. chag.

691. **Henrys**, député de la Haute-Marne. — Son rapport et projet de décret sur la pétition du maire de Paris, qui demande que les femmes enceintes soient exemptes de la peine du carcan. Paris, 1 vol. in-8°, rel. chag.

692. **Henrys,** député de la Haute-Marne. — Son rapport et projet de décret, concernant la gestion des biens des enfants mineurs Courte-Bonne, émigré, par un curateur. Paris, 1791, 1 vol. in-8°, rel. chag.

693. **Henry.** — Histoire et vie de Tobie, ou la bonne éducation récompensée. Lyon, 1851, 1 vol. gr. in-12 couvert en veau.

694. **Herbelot**, curé de Saulles. — Sa vie, par l'abbé GARNIER. Langres, 1871, 1 vol. in-8°, rel. chag.

695. **Honoré de Paris** (Bochard de Champigny), capucin, de Chaumont. — Sa vie. — Documents historiques. Paris, 1863, 1 vol. in-8°, rel. chag.

696. **Parisis**, évêque de Langres. — Règlement du synode du diocèse de Langres. 1851, 1 vol. in-8°, broché.

697. **Honoré de Paris** (Bochard de Champigny), capucin de Chaumont. — Son tombeau, ses reliques, sa famille, par la P. BONAVENTURE, capucin. Troyes 1865, 1 vol. in-8°, rel. chag.

698. **Honoré de Paris** (Bochard de Champigny), capucin, de Chaumont. — Sa vie, ses œuvres, par le P. YVES, capucin. Lyon, 1662, 1 vol. in-8°, rel. chag.

699. **Honoré de Paris** (Bochard de Champigny), capucin de Chaumont. — Preuve des 28 articles juridiques pour sa béatification, par le P. SYLTESTRE, capucin de Paris. Tournai, 1 vol. in-8°, rel. chag.

700. **Honoré de Paris** (Bochard de Champigny), capucin de Chaumont. — Mémoire sur la cause de sa béatification, par le P. BONAVENTURE, capucin. Besançon, 1870, 1 vol. in-8°, rel. chag.

701. **Honoré de Paris** (Bochard de Champigny), capucin de Chaumont. — Sa béatification mise en cause. Chaumont, 1 vol. in-8°, rel chag.

702. **Hortes.** — Manuel de la jeunesse. — Epître aux trois sœurs institutrices établies à Hortes, par Mathieu Guenin, notaire. Troyes, 1845, 1 vol. in-12, rel. chag.

703. **Huriot.** — Les forêts, les finances et l'agriculture. Paris, 1866, brochure in-8°.

704. **Hyro.** — Notice historique sur saint Hyro, apôtre de Langres et d'Autun, au premier siècle, par Carnandet. Paris, 1863, 1 vol. in-8°, rel. chag.

705. **Hutin,** docteur-médecin. — Notice historique sur l'hôtel national des Invalides. Joinville, 1851, 1 vol. in-8°, rel. veau.

706, 707, 708, 709. **Pardaillan** (de), évêque de Langres. — Le bréviaire du diocèse de Langres. 1731, 4 vol. in-8°, couverts en veau.

710. **Instruction primaire.** — Le bulletin de l'instruction primaire dans la Haute-Marne, par Desprez, inspecteur d'académie à Chaumont. 1876, 1 vol. in-8°, broché.

711. **Instruction primaire.** — Exposé de la situation de l'enseignement dans la Haute-Marne, par Fayet, recteur d'académie. Chaumont, 1853, 1 vol. in-8°, rel. veau.

712. **Instruction primaire.** — Règlement pour les écoles primaires publiques de la Haute-Marne, par Denain, recteur d'académie. Chaumont, 1851, 1 vol. in-8°, rel. veau.

713. **Instruction primaire.** — Instruction pour les délégués contonaux de l'instruction primaire de la Haute-Marne, par Denain, recteur d'académie. Chaumont, 1850, 1 vol. in-8°, rel. veau.

714 et 714 *bis*. **Instruction primaire.** — Bulletin de l'instruction primaire dans la Haute-Marne. Chaumont, 1867 à 1877, 2 vol. in-8°, rel. veau.

715. **Invasion** (l') de 1870-1871, dans la Haute-Marne, par CAVANIOL. Chaumont, 1873, un vol. in-8°, rel. veau.

716. **Invasion** (l') de 1814-1815, dans la Haute-Marne, par STEENACKERS. Paris, 1868, 1 vol. in-8°, rel. veau.

717. **Conférences** (les) au sujet de l'état ecclésistique. Lyon, 1768, 3 vol. in-12, brochés.

718 et 719. **Instruction publique**. — Programme des distributions de prix, dans les divers établissements. 50 brochures in-8°.

720. **Isle** (Dom Joseph de l'), prieur d'Harréville. — Histoire dogmatique et morale du jeûne. Paris, 1746, 1 vol. in-12, couvert en veau

721. **Jacques**, Pierre, membre de la Société médico-pratique de Paris. — Sa notice nécrologique, par le docteur Vinchon. Paris, 1847, 1 vol. in-8°, rel. chag.

722. **Jaquelot,** Isaac, ministre protestant. — Traité de la vérité et de l'inspiration des livres, du vieux et du nouveau Testament. Rotterdam, 1715, 1 vol. in-12, couvert en veau.

723. **Jaquelot,** Isaac, ministre protestant. — Dissertation sur l'existence de Dieu. Paris, 1744, 3 vol. in-12, couverts en veau.

724. **Jaquelot,** Isaac, ministre protestant. — Traité de la vérité et de l'inspiration des livres, du vieux et du nouveau Testament. Amsterdam, 1752, 2 vol. in-12 brochés.

725. **Jaquelot,** Isaac, ministre protestant. — Dissertation sur le Messie. — Amsterdam, 1752, 1 vol. in-12, broché.

726. **Jannot**. — Nouvel abrégé de la grammaire grecque. Paris, 1810, 1 vol. in-8°, couvert en parchemin.

727. **Jacquinot**, François, curé de Doulevant. — Sa notice biographique, par l'abbé Didier. Vassy, 1872, 1 vol. in-12, rel. chag.

728 et 729. **Jobard**, directeur du Musée de Bruxelles, membre de plusieurs sociétés savantes. — Sa notice biographique, par MM. André Pezzani, avocat à Lyon, et Luthereau, secrétaire général de l'Institut de France. Lyon et Paris, 1861 et 1862, 2 vol. in-8°, rel. chag.

730. **Jobard**, directeur du Musée de Bruxelles. — Le monautopole ou code d'économie sociale, réglant les droits et devoirs de l'inventeur, du fabricant, de l'ouvrier et du marchand. Bruxelles, 1845, 1 vol. in-8°, rel. veau.

731. **Jobard**, directeur du Musée de Bruxelles. — Sa notice historique, par Luthereau, secrétaire général de l'Institut de France. Paris, 1861, fragment du journal la *Célébrité*.

732. **Jobard**, directeur du Musée de Bruxelles. — Sa vie, ses mémoires, ses œuvres, historique des persécutions dont il fut l'objet Naples, 1861, 1 cahier de feuilles imprimées.

733. **Jobard**, directeur du Musée de Bruxelles. — Notice sur la suppression des machines à vapeur horizontales. Bruxelles, 1857, brochure in-12.

734. **Jobard**, directeur du Musée de Bruxelles. — Monographie du mal de mer. — Son préservatif et sa guérison. Bruxelles, 1857, brochure in-12.

735. **Jobard**, directeur du Musée de Bruxelles. — Histoire d'une bulle de gaz. — Cosmogénie amusante. Bruxelles, 1857, brochure in-12.

736. **Jobard**, directeur du Musée de Bruxelles. — Notice sur le projet de M. Boutarel, concernant les brevets d'invention. Bruxelles, 1861, brochure in-12.

737. **Jobard**, directeur du musée de Bruxelles. — Le monautopole ou nouvelle économie sociale sur la pérennité des brevets d'invention, dessins, modèles et marques de fabrique. Paris, 1844, 1 vol. in-8°, rel. veau.

738. **Jolibois**, Emile, archiviste. — Histoire de la ville de Rethel, depuis son origine jusqu'à la révolution. Colmar, 1847, 1 vol. in-8°, rel. chag..

739. **Joinville**. — Recherches historiques sur la ville et les seigneurs de Joinville, par Jules Fériel. Chaumont, 1838 à 1842, 1 vol. in-4°, de 902 pages manuscrites d'une écriture régulière, rel. chag.

740. **Joinville**. — Histoire de la principauté de Joinville (1632). 1 vol. in-4°, de 198 pages manuscrites d'une belle écriture, rel. chag.

741. **Joinville**. — Factum pour le chapitre Saint-Laurent et les religieuses de la Pitié de Joinville et le curé de Rupt, contre Jean Paillette, capitaine de la bourgeoisie dudit Joinville, au sujet de la perception des dixmes. 1703, 1 vol. in-8°, rel. chag.

742. **Joinville**. — Arrêt du parlement rendu en faveur des co-décimateurs des finages de Joinville et Rupt jugeant que la dixme s'y doit percevoir en raisins au pied de la vigne à raison de la onzième hottée et avant l'enlèvement des fruits. 1703, 1 vol. in-8°, rel. chag.

743. **Joinville**. — Les habitants de Joinville sont condamnés à payer les droits des vins jusqu'à ce que les portes et murailles de la ville soient réparées et fermées. Paris, 1730, 1 vol. in-8°, rel. chag.

744. **Joinville**. — Statuts, ordonnances et règlement de l'hôpital Sainte-Croix de Joinville fondé par Charles, cardinal de Lorraine, archevêque, duc de Reims, pair de France, et par la princesse Antoinette de Bourbon, duchesse de Guise. Joinville, 1725, 1 vol. in-12, rel. chag.

745 et 746. **Joinville.** — Discours de M. Guillaume à la société des sans-culottes de Joinville. — De l'influence des femmes sur l'éducation de l'homme libre. Joinville, 1796, 2 vol. in-12, rel. chag.

747. **Joinville.** — Notes et documents sur l'histoire de Joinville et de ses monuments, par Jules FÉRIEL. Chaumont, 1856, 1 vol. in-8°, rel. chag.

748. **Joinville.** — Précis pour la ville de Joinville au sujet de la propriété de ses bois. Paris, 1800. 1 vol. in-8°, rel. chag.

749. **Joinville.** — Histoire et description de la chapelle Sainte-Anne au cimetière de Joinville, par Jules FÉRIEL. Langres, 1837, 1 vol. in-8°, rel. chag.

750. **Joinville.** — Notes historiques sur la ville et la seigneurie de Joinville, par Jules FÉRIEL. Paris, 1835, 1 vol. in-8°, rel. chag.

751. **Joinville.** — Règlement de police municipale de la ville de Joinville, par HASTE DE ROCQUEMONT, maire. Joinville, 1838, 1 vol. in-8°, rel. chag.

752. **Joinville.** — La véritable ceinture de saint Joseph conservée dans l'église de Joinville, par l'abbé DESMOT. Bar-le-Duc, 1872, 1 vol. in-12, rel. chag.

753. **Joinville.** — Discours de MM. Jules FÉRIEL, substitut, Guillaume, médecin et Barillot vicaire général à Langres, à l'inauguration des tombeaux des anciens seigneurs de Joinville. Chaumont, 1841, 1 vol. in-8°, rel. chag.

754. **Joinville.** — Notice sur le château de Joinville et sur les tombeaux de ses princes, par PERNOT, artiste peintre. Paris, 1842, 1 vol. in-8°, rel. chag.

755. **Joinville.** — Règlement de la société du cercle de Joinville. Bar-le-Duc, 1841, 1 vol. in-8°, rel. chag.

756. **Joinville.** — La caisse commerciale de l'arrondissement de Vassy à établir à Joinville, par Eve THOUVENIN. Joinville, 1842, 1 vol. in-8°, rel. chag.

757. **Joinville.** — Documents historiques sur la sépulture et les tombeaux des anciens seigneurs de Joinville, par Jules FÉRIEL. Chaumont, 1844, 1 vol. in-8°, rel. chag.

758. **Joinville.** — Règlement de la société philharmonique de Joinville. 1846, 1 vol. in-8°, rel. chag.

759. **Joinville.** — Règlement du comice agricole de Joinville. 1852, brochure in-8°.

760 et 761. **Joinville.** — Compte-rendu par la société géologique de France, à Joinville, par COTTEAU. Paris, 1856, 2 vol. in-8°, rel. chag.

762. **Joinville.** — Tablettes historiques des seigneurs et de la ville de Joinville, par COLLIN, employé au chemin de fer. Chaumont, 1857, 1 vol. in-8°, rel. chag.

763. **Joinville.** — Notice historique sur le château de Joinville, sur les tombeaux et le monument qui recouvre les restes mortels des sires, barons et seigneurs de la maison de Lorraine et des princes de Joinville, par PERNOT, artiste peintre. Paris, 1857, 1 vol. in-8°, rel. chag.

764. **Joinville.** — Règlement et tarif de l'abattoir de Joinville, par RAGON, maire. 1869, 1 vol. in-8°, rel. chag.

765. **Joinville.** — De la perception des droits de stationnement et de location des places sur la voie publique et dans les bâtiments communaux de Joinville. 1871, 1 vol. in-8°, rel. chag.

766. **Joinville.** — Règlement concernant les inhumations dans le cimetière de Joinville, par Edouard GILLET, maire. Vassy, 1875, 1 vol. in-8°, rel. chag.

767. **Joinville.** — Le Républicain de l'Est et Almanach de Joinville, par Garola. 1875, brochure in-8°.

768. **Joinville.** — Histoire de saint Louis, roi de France, par Jean, sire de Joinville, sénéchal de Champagne. Paris, 1668, 1 vol. in-folio, couvert en veau.

769. **Langres**. — Chronique et histoire du diocèse de Langres, par le P. Vignier, de la société de Jésus. Langres, 1665, 1 vol. in-12, couvert en parchemin.

770. **Joinville**. — Vie de Jean, sire de Joinville et dissertation sur la vie de saint Louis, roi de France, par de la Ravalière, évêque, et le baron de la Bastie. 1744, 1 vol. in-12, rel. chag

770 *bis*. **Langres** — Le bréviaire du diocèse de Langres, par Gilbert de Montmorin, évêque de Langres. 1830, 8 vol. in-12, couverts en veau.

771. **Joinville**. — Vie de Jean, sire de Joinville. 1 vol. manuscrit in-4°, rel. chag.

772. **Joinville**. — Vie de Jean, sire de Joinville, par le marquis de Villeneuve. 1 vol. petit in-4°, rel. chag.

773. **Joinville**. — Le *credo* de Jean, sire de Joinville, 1 vol. in-8°, rel. chag.

774. **Joinville.** — Essai biographique sur Jean, sire de Joinville, par Charles Héquet. Châlons-sur-Marne, 1869, 1 vol. in-8°, rel. chag.

774 *bis*. **Joinville**. — Le terrier de la principauté de Joinville. 1 vol. manuscrit in-folio, écrit sur parchemin, relié et couvert en chag.

775. **Joinville.** — Le *credo* de Jean, sire de Joinville, précédé d'une dissertation, par Firmin Didot. Paris, 1870, 1 vol. in-8°, rel. veau.

776. **Joinville.** — *Notice historique* sur Jean, sire de Joinville, par Jules Fériel. Chaumont, 1853, 1 vol. in-8°, rel. veau.

777. **Joinville.** — Notice historique sur Jean, sire de Joinville, par Chezjean, directeur du musée de Chaumont. 1853, 1 vol. in-8°, rel. chag.

778. **Joinville.** — Inauguration de la statue de Jean, sire de Joinville, par F. Roret. Chaumont, 1861, 1 vol. petit in-8°, rel. chag.

779. **Joinville.** — Notice historique sur Jean, sire de Joinville, et généalogie de sa famille, par Charles Lemoine, horloger à Joinville. 1861, 1 vol. in-8°, rel. chag.

780. **Joinville.** — Etudes sur la vie et sur les travaux de Jean, sire de Joinville, accompagnées d'une notice sur les manuscrits dudit sire de Joinville, par Firmin Didot. Paris, 1870, 1 vol. in-8°, rel. veau.

781. **Joinville.** — Treize chartes inédites de Jean, sire de Joinville, par Jules Simonnet, conseiller à la cour d'appel de Dijon. Dijon, 1874, 1 vol. in-8°, rel. chag.

782. **Joinville.** — Essai sur l'histoire et la généalogie de la famille des sires de Joinville, accompagné de chartes et de documents inédits, par Jules Simonnet, conseiller à la cour d'appel de Dijon. Langres, 1875, 1 vol. in-8°, rel. chag.

783. **Joinville.** — L'histoire et chronique de saint Louis, roi de France, par Jean, sire de Joinville. Poitiers, 1547, 1 vol. in-8°, couvert en parchemin.

784. **Joinville.** — L'histoire de saint Louis, roi de France, par Jean, sire de Joinville. Paris, 1617, 1 vol. in-8°, couvert en veau.

785. **Joinville**. — Mémoire de Jean, sire de Joinville, et saint Louis, roi de France, par MÉNARD, conseiller du Roi à Angers. Paris, 1666, 1 vol. in-12, couvert en veau.

786. **Joinville**. — Collection complète des mémoires relatifs à l'histoire de France, à Jean, sire de Joinville et à saint Louis, roi de France, par PETITOT. Versailles, 1819, 2 vol. in-8°, rel. chag.
(Tomes 2 et 3; le premier manque).

787. **Joinville**. — Histoire de saint Louis, roi de France, par Paul GERVAIS. Paris, 1822, 1 vol. in-8°, rel. chag.

788. **Joinville**. — Nouvelles recherches historiques sur les manuscrits de Jean, sire de Joinville, et de saint Louis, roi de France, par PAULIN-PARIS, membre de l'institut. 1 vol. in-4°, rel. chag.

789. **Joinville**. — Recherches sur les manuscrits de la vie de saint Louis, roi de France, par PAULIN-PARIS, membre de l'institut. Amiens, 1 vol. in-8°, rel. chag.

790. **Joinville**. — Dissertation sur la vie de saint Louis, roi de France, écrite par Jean, sire de Joinville, par le baron de la BASTIE. 1738, 1 vol. in-4°, rel. chag.

791. **Joinville**. — Les mémoires de Jean, sire de Joinville et histoire et chronique de saint Louis, roi de France, par Francisque MICHEL, membre de l'institut. Paris, 1858, 1 vol. grand in-12, rel. chag.

792. **Joinville**. — Les œuvres de Jean, sire de Joinville, et l'histoire de saint Louis, roi de France, par Natalis de WAILLY, conservateur de la bibliothèque nationale. Paris, 1867, 1 vol. in-8°, rel. chag.

793 **Joinville.** — Mémoire sur la langue de Joinville, par Natalis de WAILLY, conservateur de la bibliothèque nationale. Nogent-le-Rotrou, 1868, 1 vol. in-8°, rel. chag.

794. **Joinville.** — Mémoire sur Jean, sire de Joinville, et les enseignements de saint Louis, roi de France à son fils, par Natalis de WAILLY, conservateur de la bibliothèque nationale. Paris, 1874, 1 vol. in-4°, rel. chag.

795. **Joinville.** — Analyse historique et littéraire de Jean, sire de Joinville, par Marius SÉPET. Paris, 1874, 1 vol. in-4°, rel. chag.

796. **Joinville.** — Le *credo* de Jean, sire de Joinville et lettre sur le texte, par Natalis de WAILLY, conservateur de la bibliothèque nationale. Nogent-le-Rotrou, 1874, 1 vol. in-8°, rel. chag.

797. **Joinville** — Lettre sur le texte de Jean, sire de Joinville, par Natalis de WAILLY, conservateur de la bibliothèque nationale. Nogent-le-Rotrou, 1874, 1 vol. in-8, rel. chag.

798. **Joinville.** — Mémoire sur le Roman ou chronique en langue vulgaire, dont Jean, sire de Joinville, a reproduit plusieurs passages, par Natalis de WAILLY, conservateur de la bibliothèque nationale. Nogent-le-Rotrou, 1874, 1 vol. in-8°, rel. chag.

799. **Joinville** (le prince de). — Sa candidature à la présidence de la République, par DELARBRE, ancien représentant à l'assemblée constituante. Paris, 1851, 1 vol. in-8°, rel. chag.

800. **Jolibois**, Emile, archiviste. — Développement des idées démocratiques en France. — Dernière leçon d'histoire. Colmar, 1849, 1 vol. in-8°, rel. veau.

801. **Joseph** (la mère), supérieure générale des sœurs de la Providence de Langres. — Sa vie, par l'abbé MARCHAL. Langres, 1875, 1 vol. in-12, rel. chag.

802. **Journaux.** — L'Eventail. — Entr'acte chaumontais. Chaumont, 1858 à 1861, 1 cahier de 12 numéros in-4°.

803. **Journaux.** — La Turlutaine et le Rossignolet. — Journaux chaumontais. Chaumont, 1861, 1 cahier de 2 numéros in-4°.

804. **La Luzerne** (de), évêque de Langres. — Le cérémonial du diocèse de Langres. Neufchâteau, 1775, 1 vol. in-12, couvert en veau.

805. **Blégny** (de) Etienne. — Les éléments ou les premières instructions de la jeunesse. Paris, 1712, 1 vol. petit in-8°, couvert en veau.

806. **Jubin**. — Notice sur saint Jubin, archevêque de Lyon, par l'abbé DURAND. Lyon, 1827, 1 vol. grand in-12, rel. chag.

807. **Jumeaux.** — De la mission de saint Bénigne et du martyre des saints Jumeaux à Langres, par Henri BEAUNE. Langres, 1 vol. in-8°, rel. chag.

808. **Juzennecourt.** — Mémoire pour Messire Nicolas Puissant, seigneur de Juzennecourt, contre les habitants de cette commune, au sujet de la propriété du bois appelé le Valmillon. Paris, 1758, 1 vol. petit in-folio, rel. chag.

809. **Joinville**. — Etude sur la marine, par le prince de JOINVILLE. Paris, 1859, 1 vol. in-8°, rel. veau.

810. **Jacquinot** (l'abbé). — L'Eglise vengée par l'histoire contre les sophistes contemporains. Paris, 1876, 1 vol. in-8°, rel. veau.

811. **Jaugey** (l'abbé). — Etude sur Jeanne d'Arc. — Sa vie, ses voix, sa sainteté, son procès. Langres, 1867, 1 vol. in-8°, rel. veau.

811 et 881 B. **Jenna,** Marie. — Les élévations poétiques et religieuses. Paris, 1864 et 1869, 2 vol. in-12, rel. veau.

811 C. **Jenna,** Marie. — Après la bataille. — Poésie. Paris, 1871, 1 vol. in-12, rel. veau.

812 et 813. **La Luzerne** (de), évêque de Langres. — Instructions sur les chisme de France. Cologne, 1792 et 1793, 3 vol. in-8°, brochés.

814. **La Luzerne** (de), évêque de Langres. — Dissertation sur les prophéties. Langres, 1808, 1 vol. in-12, broché.

815. **La Dixmerie** (de). — Contes physiques et moraux. Londres, 1769, 3 vol. in-12, couverts en veau.

816. **Laferté-sur-Amance.** — Le catalogue de la bibliothèque cantonale de Laferté, par Hippolyte CHAUCHARD. Paris, 1851, 1 vol. in-8°, rel. chag.

817. **Lalin,** fondateur et directeur de l'école normale primaire de Chaumont. — Sa vie, par BILLIARD, inspecteur primaire. Chaumont, 1868, 1 vol. in-8°, rel. chag.

818. **Laloy,** représentant de la Haute-Marne en 1791. — Sa biographie, par Emile JOLIBOIS, archiviste. Colmar, 1846, 1 vol. in-8°, rel. chag.

819. **Berthe,** ou le pet mémorable. — Anecdotes et contes. Paris, 1808, 1 vol. in-12, rel. veau.

820 **Lafont de Montferrier.** — Les dernières fleurs d'hiver ou les derniers adieux du cœur du poète. Foix, 1868, brochure in-12.

821. **La Mothe.** — Les grandes et furieuses batteries contre la ville et le château de la Mothe, par le marquis de la FORCE, maréchal de camp de l'armée du roi. Paris, 1634, 1 vol. in-12, rel. chag.

822. **La Mothe**. — Le courrier véritable de ce qui s'est passé au siége de la Mothe. Paris, 1634, 1 vol. in 12, rel. chag.

823. **La Mothe**. — Articles accordés pour la réduction de la ville de la Mothe, par le marquis de la FORCE, Lyon, 1634, 1 vol. in-12, rel. chag.

824. **La Mothe**. — L'ordre du siége de la place et du château de la Mothe, par le marquis de la FORCE. Paris, 1634, 1 vol. in-12, rel. chag.

825. **La Mothe**. — Histoire de la fondation et des trois siéges de la Mothe, en 1634, 1643 et 1645, par un officier supérieur. Neufchâteau, 1841, 1 vol. in-12, rel. chag.

826. **La Mothe**. — Histoire de la ville et des deux siéges de la Mothe, en 1634 et 1645, par DU BOYS DE RIOCOUR. Neufchâteau, 1841, 1 vol. in-8°, rel. chag.

827. **La Mothe**. — Vie et exploits du frère Eustache, capucin, pendant le siége de la Mothe, par HENRIOT, ancien juge de paix. Bar-le-Duc, 1852, 1 vol. in-8°, rel. chag.

828. **La Mothe**. — La dame de Neuville. — Chronique lorraine (1635), par HENRIOT, ancien juge de paix, Bar-le-Duc, 1852, 1 vol. in-8°, rel. chag.

829. **La Mothe**. — Recueil de documents sur l'histoire de Lorraine. — Inventaire des titres enlevés de la ville de la Mothe, par WEINER. Nancy, 1857, 1 vol. in-8°, rel. chag.

830. **La Mothe**. — Notices historiques et biographiques sur les défenseurs de la Mothe, par CHAPELLIER. Epinal, 1863, 1 vol. in-8°, rel. chag.

831. **La Mothe**. — Notice historique sur la ville de la Mothe. 1 vol. in-8°, manuscrit, rel. chag.

832. **La Mothe.** — Relation des siéges et blocus de la Mothe (1634, 1642 et 1645), par Jules SIMONNET. Chaumont, 1861, 1 vol. in-8°, rel. chag.

833. **Lamphion.** — Journal, par Charles GUIGNARD. Chaumont, 1872-1873, 1 vol. in-12, rel. veau.

834. **Langres.** — Mémoire pour François Lavaytte, négociant à Langres, contre le Receveur des gabelles de ladite ville et son commis, au sujet d'insultes. Paris, 1781. 1 vol. in-8°, rel. veau.

835. **Langres.** — L'Anastase de Langres ou la ville payenne et la ville chrétienne, tirée du tombeau de son antiquité, par Denis GAULTHEROT, avocat. Langres, 1649, 1 vol. in-8°, couvert en veau.

835 *bis*. **Langres.** — Le pouillé du diocèse de Langres en 1779. 1 vol. de 17 cahiers in-4°, manuscrit non relié.

835 *ter*. **Langres.** — Le calendrier économique et l'almanach de l'hôtel de ville de Langres en 1751. 1 vol. de 6 cahiers in-4°, manuscrit non relié.

836. **Langres.** — Caderne du bailliage et présidial de Langres en 1684, par DU MOLINET, conseiller du roi, seigneur de Rosoy. 1 vol in-4° manuscrit, rel. veau.

837. **Langres.** — Règlement du bailliage de Langres, concernant la police des campagnes. Langres, 1771, 1 vol. in-12, rel. veau.

838. **Langres.** — Etat des villes et des villages du ressort du bailliage de Langres en 1772, 1 vol. in-4°, manuscrit, rel. veau.

839. **Langres.** — Statistique, mercuriales, extrait et prix des gros fruits et autres denrées dans l'étendue du bailliage de Langres, de 1650 à 1810. 1 vol. in-8°, manuscrit, rel. veau.

840. **Langres et Sens**. — Les coutumes des bailliages de Langres et de Sens, commentées par Juste de LAISTRE, avocat en parlement. Paris, 1731, 1 vol. in-4°, couvert en veau.

841 **Langres et Sens**. — Conférence de la coutume des bailliages de Langres et de Sens, par PELÉE DE CHENOUTEAU, conseiller du roi. Sens, 1787, 1 vol. in-4°, rel. veau.

842. **Langres**. — Le vocabulaire langrois. 1822, 1 vol. in-12, rel. veau.

843. **Langres**. — Les joyaux d'une épousée au pays langrois, au IVe et au XVIIe siècles, par HESSE. Chaumont, 1 vol. in-8°, rel. veau.

843 *bis*. **Langres**. — Manuel de l'Eglise de Langres en 1737, par Laurent MICHEL. 1 vol. de 4 cahiers in-4°, manuscrit non relié.

844. **Langres**. — Conjectures sur l'usage d'un instrument antique en airain trouvé près de Langres, lequel a dû servir aux sacrifices des Romains. 1 vol. in-8°, rel. chag.

845. **Langres**. — Harangue présentée au roi, par l'évêque de Langres, au sujet des libertés de l'Eglise. Paris, 1725, brochure in-8°.

846. **Langres**. — Explications de quelques inscriptions singulières trouvées à Langres. 1 vol. in-8°, rel. chag.

847. **Langres**. — Arrêt du Conseil d'Etat du roi qui déclare les bourgeois et habitants de Langres sujets aux francs-fiefs. Paris, 1741, 1 vol. in-8°, rel. chag.

848. **Langres**. — Chronique et renseignements divers sur le diocèse, le bailliage, l'élection, les prévotés et chatellenies de Langres. Brochure in-12.

849. **Langres.** — Lettres-patentes portant concession et confirmation des droits, privilèges, franchises, exemptions, etc., accordés aux maires, échevins, bourgeois et habitants de la ville de Langres, de 1601 à 1721. Langres, 1723, 1 vol. in-8°, rel. chag.

850. **Langres.** — Mémoire pour le chapitre de Langres, contre les habitants de Corgirnon, au sujet de la perception des redevances en grains. Paris, 1751, 1 vol. petit in-folio, rel. chag.

851. **Langres.** — Catalogue de la bibliothèque du cardinal de la Luzerne, évêque de Langres, par SARRAZIN. 1805, 1 vol. in-folio, manuscrit, rel. chag.

852. **Langres.** — Mémoire pour M. de Montmorin, évêque de Langres, concernant la restauration du portail de l'église de Langres. Paris, 1768, 1 vol. in-8°, cartonné.

853. **Langres.** — Suite des nouvelles ecclésiastiques du diocèse de Langres, de 1769 à 1789. Fragment d'un vol. in-8°.

854 et 855. **Langres.** — Exemples et réflexions pour les maire et échevins de l'Hôtel-de-Ville de Langres, contre l'évêque dudit Langres, concernant l'exercice de la nomination des officiers de justice. Paris, 1781, 2 vol. in-8°, rel. chag.

856. **Langres.** — Lettres-patentes du roi, portant règlement pour le collège de Langres. Paris, 1783, 1 vol. in-8°, rel. chag.

857. **Langres.** — Lettres-patentes du roi, autorisant la ville de Langres à prélever le prix de l'adjudication des bois du chapitre vendus en 1788. Paris, 1790, 1 vol. in-8°, rel. chag.

858. **Langres.** — Amende honorable prononcée par l'évêque en l'église de Langres, en réparation du sacrilège commis par le vol des vases sacrés de cette église. 1791, 1 vol. in-12, rel. chag.

859. **Langres** — Mémoire sur divers faits de la Société républicaine de Langres adressé au citoyen Rhul, représentant du peuple. Chaumont, 1793, 1 vol. in-8°, rel chag.

860. **Langres**. — Discours politique prononcé à la séance publique à Langres, par Léauté dit Vivey. 1795, 1 vol. in-8°, rel. chag.

861. **Langres**.—Notice sur deux arcs de triomphe romains à Langres, par Théodore Pistollet de Saint-Fergeux. 1 vol. in-8°, rel. chag.

862. **Langres**. — Bibliothèque Langroise. — Œuvres des personnes célèbres de Langres. 1 vol. in-8°, manuscrit, rel. chag.

863 et 864. **Langres**. — La Pitoyade, poëme héroï-comique, par l'abbé Belouet. Chaumont, 2 vol. in-8°, rel. chag.

865. **Langres**.— Discours à la garde nationale de Langres, à l'occasion de la bénédiction de son drapeau, par le baron de Chalencey, commandant d'armes de ladite ville. Langres, 1814, 1 vol. in-12, rel. chag.

866. **Langres**. — Trois jours de fêtes à Langres à l'occasion de l'inauguration du buste de Louis XVIII. Langres, 1816, 1 vol. in-12, rel. chag.

867. **Langres**. — Lettre au rédacteur du *Courrier*, journal de la Haute-Marne, au sujet d'un de ses articles sur les missionnaires, à Langres. 1829, 1 vol. in-12, rel. chag.

868. **Langres**. — Précis de l'histoire de la ville et du diocèse de Langres, par Migneret, avocat. Langres, 1835, 1 vol. in-8°, rel. chag.

869. **Langres**.— Recherches historiques et statistiques sur les principales communes de l'arrondissement de Langres. 1836, 1 vol. in-8°, cartonné.

870. **Langres.** — Les antiquités romaines et autres de Langres, par LUQUET, architecte. Langres, 1838, 1 vol. in-8°, rel. chag.

871. **Langres.** — Compte-rendu par le maire de la ville de Langres, des recettes et des dépenses pour 1838. Langres, 1839, 1 vol. in-4°, rel. chag.

872. **Langres.** — Règlement de police de la ville de Langres. 1839, 1 vol. in-8°, rel. chag.

873. **Langres.** — Délibération du conseil municipal de Langres, portant que la rue de la Marmite s'appellera rue Roger. Langres, 1842, 1 vol. in-4°, rel. chag.

874 et 875. **Langres.** — Projet d'établissement de fontaines publiques dans la ville de Langres. 1842, 2 vol. in-4°, rel. chag.

876. **Langres.** — Lettre à un électeur sur les élections législatives de Langres. 1842, 3 brochures in-8°.

877. **Langres.** — Rapport et compte-rendu des recettes et des dépenses de la ville pour 1843. 1 vol. in-4°, rel. chag.

878. **Langres.** — Mémoire sur les colonnes militaires de la voie romaine de Langres à Genève, par MAILLARD, DE CHAMBURE. 1 vol. in-4°, rel. chag.

879. **Langres.** — Arrêté de police concernant les inhumations dans le cimetière de Langres. 1844, 1 vol. in-12, rel. chag.

880 et 881. **Langres.** — Projet d'établissement de fontaines publiques dans la ville de Langres. 1844, 2 vol. in-4° et in-8°, manuscrits, rel. chag.

882. **Langres.** — Catalogue du Musée fondé par la Société historique de Langres, par PÉCHIN D'AUTEBOIS. Langres, 1847, 1 vol. in-12, rel. chag.

883. **Langres.** — Règlement de la Société fraternelle d'union des ouvriers de la ville de Langres. 1849 1 vol. in-12. rel. chag.

884. **Langres.** — Notice historique sur le Collège de Langres, par GAUTHIER, professeur. Langres, 1856, 1 vol. in-8°, rel. chag.

885. **Langres.** — Règlement de la Société musicale du Collège de Langres. 1860, brochure in-12.

886. **Langres.** — Catalogue du Musée fondé et administré par la Société historique de Langres, par Henri BROCARD, secrétaire de la Société. Langres, 1861, 1 vol. in-8°, rel. chag.

887. **Langres.** — Règlement de la Société de patronage de la ville de Langres. 1861, 1 vol. in-8°, autographié, rel. chag.

888. **Langres.** — Règlement du Cercle de la ville de Langres. 1864, 1 vol. in-8°, rel. chag.

889. **Langres.** — Bulletin du Concours régional agricole et de l'Exposition horticole, industrielle et artistique tenus à Langres en 1873. 1 vol. in-4°, de 18 livraisons, non relié.

890. **Langres.** — Catalogue de la Bibliothèque du grand Séminaire de Langres. Brochure in-8°.

891. **Langres.** — Règlement pour le service intérieur des hôpitaux de Langres. 1865, 1 vol. in-4°, autographié, rel. chag.

892. **Langres.** — Compte des recettes et des dépenses de la ville de Langres pour 1865. 1 vol. in-4°, rel. chag.

893. **Langres.** — Notice historique sur les monnaies des Lingons, par PISTOLLET DE SAINT-FERJEUX. Paris, 1867, 1 vol. in-4°, rel. chag.

894 **Langres**. — Règlement de la Société amicale des anciens élèves du Collège de Langres. 1868, 1 vol. in-8°, rel. chag.

895. **Langres.** — Histoire de Langres pendant la Ligue, par PISTOLLET DE SAINT-FERJEUX. Paris, 1868, 1 vol. in-4°, rel. chag.

896. **Langres**. — L'œuvre pontificale des vieux papiers, fondée à Langres. — Documents relatifs à cette œuvre. 1869, 1 vol. in-8°, cartonné.

897. **Labelle**, Pierre, curé d'Arc-en-Barrois. — Sa vie, par l'abbé GRANDCLAUDE. Langres, 1835, 1 vol. in-18, rel. chag.

898. **Langres.** — Règlement et tarif de l'octroi de la ville de Langres. 1848, 1 vol. in-8°, rel. chag.

898 *bis*. **Langres**. — Feuilleton d'un journal de Langres. — Trois portraits : la Ripaille, Rapax et la Pédanterie. Neufchâteau, 1843, 1 vol. in-8°, rel. chag.

899. **Langres**. — La garde nationale sédentaire de Langres en 1870-1871. — Epopée Langroise, poème héroï-comique. Langres, 1871, 1 vol. in-8°, rel. chag.

900. **Langres**. — Discours à l'occasion de l'inauguration et bénédiction de la statue de Notre-Dame-de-la-Délivrance, à Langres, par l'abbé HUTINEL, vicaire général. Langres, 1873, 1 vol. in-8°, rel. chag.

901. **Langres**. — Notice sur la ville de Langres pendant la guerre de 1870-1871, d'après les documents officiels français et allemands recueillis par un officier de l'armée régulière. Verdun, 1873, 1 vol. in-12, rel. chag.

902. **Langres**. — Catalogue et explication des ouvrages de peinture, de dessin et de gravures, exposés à l'Hôtel-de-Ville de Langres, en 1873. 1 vol. in-12, rel. chag.

903. **Langres.** — Eclairage et chauffage au gaz dans la ville de Langres. 1873, 1 vol. in-8°, rel. chag.

904. **Langres.** — Un épisode de la guerre de 1870-1871, par LAPAUME. Melun, 1874, 1 vol. in-8°, rel. chag.

905. **Langres.** — Quelques vieux usages du diocèse de Langres, tirés des archives du prieuré d'Aubigny. Langres, 1865, brochure in-8°.

906. **Langres.** — Bulletin et mémoires de la Société archéologique de Langres, de 1872 à 1878. 1 vol. de 5 brochures in-8°, non relié.

907. **Lebon** d'Humbersin, Philippe. — Les Thermolampes ou poëles qui chauffent et éclairent avec économie. Paris, 1801, 1 vol. in-8°, rel. chag.

908. **Lebon** d'Humbersin, Philippe, ingénieur des Ponts et Chaussées à Paris. — Les inventeurs du gaz et de la photographie, par le baron ERNOUF. Coulommiers, 1877, 1 vol. in-12, rel. chag.

909. **Laujorrois**, conseiller au Parlement de Toulouse. — Son Testament en 1617. 1 vol. in-8°, rel. chag.

910. **Laujorrois,** conseiller au Parlement de Toulouse. — Sa vie, ses écrits, sa fondation. — Une des gloires de la Champagne, par l'abbé GARNIER. Chaumont, 1869, 1 vol. in-8°, rel. chag.

911. **Laujorrois**, vigneron et agriculteur. — Quelques mots sur la fabrication du vin mouillé et des spiritueux. Chaumont, 1858, brochure in-12.

912. **Laujorrois,** vigneron et agriculteur. — Les causeries agricoles d'un vieux cultivateur. Châteauroux, 1870, 1 vol. in-8°, rel. veau.

913. **Laurent,** James. — Soulageons la misère, cantates et dialogues en vers. Dijon, 1867, brochure in-8°.

914. **Laurent-Bournot**. — L'éducation du jeune cultivateur, ou dialogues sur les principaux détails de l'agriculture et sur l'art de greffer et d'écussonner. Langres, 1835, 1 vol. in-18, rel. veau.

915 et 916. **Lebon** d'Humbersin, Philippe, ingénieur des ponts et chaussées à Paris. — Notice sur ses travaux et inventions, par Gaudry Jules, avocat. Paris, 1856, 2 vol. in-8°, rel. chag.

917. **Lacordaire**, député de la Haute-Marne. — Rapport sur l'importance et les bienfaits des irrigations. Paris, 1846, 1 vol. in-8°, rel. veau.

918. **Lebon**, Félix, homme de lettres à Dancevoir. — Sa vie et ses travaux, par Jules Simonnet, conseiller à la Cour d'appel de Dijon. Chaumont, 1868, 1 vol. in-8°, rel. chag.

919. **Lebon** d'Humbersin, Philippe, ingénieur des ponts et chaussées à Paris. — Ses mémoires, ses travaux, par divers auteurs, de l'an X à 1811. 1 vol. de 17 cahiers in-4°, manuscrit, non relié.

920. **Leclerc**, Edme, curé de Longeau, fondateur de la congrégation des sœurs de la Providence de Langres. — Sa vie et sa mort. Besançon, 1859, 1 vol. in-12, rel. chag.

921. **Leffemberg** (de), avocat général à Angers. — Son discours sur les mœurs judiciaires et sur leur influence. Angers, 1860, 1 vol. in-8°, rel. chag.

922. **Leffemberg** (de), procureur général à Dijon. — Son installation. Dijon, 1862, 1 vol. in-8°, rel. chag.

923. **Le Moyne**, Pierre, jésuite. — Les entretiens poétiques et lettres morales. Paris, 1665, 1 vol. in-18, couvert en veau.

924. **Le Moyne**, Pierre, jésuite. — L'art des devises. Paris, 1666, 1 vol. in-8°, couvert en veau.

925. **Le Moyne**, Pierre, jésuite. — Saint Louis ou la sainte couronne reconquise. — Poème héroïque. Paris, 1666, 1 vol. in-12, couvert en veau.

926. **Le Moyne**, Pierre, jésuite. — La galerie des femmes fortes. Paris, 1668, 1 vol in-12, couvert en parchemin.

927. **Lespérut** (le baron), député de la Haute-Marne. — Son discours sur le régime économique de la France. Paris, 1868, 1 vol. in-8°, rel. chag.

928. **Lespérut** (le baron), député de la Haute-Marne. — Sa notice, par Carnandet. Saint-Dizier 1874, 1 vol. in-12, rel. chag.

929. **Lespérut** (le baron), député de la Haute-Marne. — Son rapport sur l'emprunt et les impositions extraordinaires par le département de la Haute-Marne en 1856, 1 vol. in-8°, rel. chag.

930. **Lignée** et **Daunay**, vétérinaires. — Guide du cultivateur dans les ventes et les achats d'animaux domestiques. Joinville, 1844, 1 vol. in-12, rel. veau.

931. **Linet**. — Observations sur l'économie agricole. Vassy, 1876, brochure in-8°.

932. **Livron-Bourbonne** (Madame de), abbesse de l'abbaye de Juvigny. — Son éloge. 1662, 1 vol. in-8°, rel. chag.

933. **Lebon**, Félix, homme de lettres à Dancevoir. — Par monts et par vaux : anecdotes, par Félix Chevrollet. Sceaux, 1845, 1 vol. in-8°, rel. veau.

934. **Lombard**. — Décaméron français. — Nouvelles historiques et contes moraux. Paris, 1828, 2 vol. in-8°, rel. veau.

935. **Longuay**. — Chronique de l'abbaye de Longuay, par l'abbé Collot. Mirecourt, 1868, 1 vol. in-12, rel. chag.

936. **Louvent**. — Vie de saint Louvent ou Lupien, religieux et martyr au vi° siècle, par l'abbé Didier. Vassy, 1873, 1 vol. in-12, rel. chag.

937. **Louze**. — Notice historique sur la paroisse de Louze, par l'abbé Justin Fèvre. Bar-le-Duc, 1860, 1 vol. in-12, rel. chag.

938. **Louis**, Charles, docteur en médecine. — De la catalepsie chez les aliénés. Paris, 1875, brochure in-8°.

939. **Luquet**, évêque d'Hésébon. — Ses lettres à l'évêque de Langres sur la congrégation des missions étrangères. Paris, 1842, 1 vol. in-8°, rel. veau.

940. **Luquet**, évêque d'Hésébon. — Synode de Pondichéry. — Instruction sur la formation du clergé indigène. 1845, 1 vol. in-8°, rel. veau.

941. **Luquet**, évêque d'Hésébon. — Lettres au clergé protestant d'Allemagne sur les causes de désordres politiques, moraux et intellectuels renfermés dans les principes de la réforme. Paris, 1847, 2 vol. in-12, rel. veau.

942. **Luquet**, évêque d'Hésébon. — Retraite ecclésiastique des missionnaires de Pondichéry. Paris, 1847, 1 vol. in-8°, rel. veau.

943. **Théophilanthropes** (les) ou les adorateurs de Dieu et amis des hommes. Paris, 1797, 1 vol. in-18, broché.

944. **Luquet,** évêque d'Hésébon. — Vie et vertus de Anna Maria Taïgi. Arras, 1863, 1 vol. in-12, rel. veau.

945. **Luquet,** évêque d'Hésébon. — Concours de fidèles à Rome, 1852, 1 vol. in-12, rel. veau.

946. **Luquet,** évêque d'Hésébon. — Souvenirs de l'expédition française à Rome. 1851, 6 vol. in-12, rel. veau.

947. **Luquet,** évêque d'Hésébon. — Considérations sur les missions catholiques et voyage d'un missionnaire dans l'Inde. Paris, 1853, 1 vol. in-8°, rel. veau.

948. **Luquet,** évêque d'Hésébon. — De la vocation ou moyen d'atteindre sa fin dans le mariage et dans la vie parfaite. Paris, 1857, 1 vol. in-8°, broché.

949. **La Luzerne** (de), ancien évêque de Langres. — Dissertation sur la révélation en général. Langres, 1808, 1 vol. in-12, rel. veau.

950. **La Luzerne** (de), ancien évêque de Langres. — Dissertation sur la révélation en général et sur la loi naturelle. Dôle, 1824, 1 vol. in-12, rel. veau.

951. **La Luzerne** (de) ancien évêque de Langres. — Dissertation sur l'existence et les attributs de Dieu. Dôle, 1825, 1 vol. in-12, rel. veau.

952. **La Luzerne** (de), ancien évêque de Langres. — Sa vie et ses travaux, par l'abbé Godard. Chaumont, 1856, 1 vol. in-8°, rel. chag.

953. **Masson** (le). — Venise en 1848 et 1849. — Guerre avec l'Autriche. Paris, 1851, 1 vol. in-8°, rel. veau.

954. **Masson** (le). — Les limites de la France. Paris, 1853, 1 vol. in-12, rel. veau.

954 A. **Lescuyer**, membre de plusieurs Sociétés savantes, à Saint-Dizier. — Les oiseaux dans les harmonies de la nature. Paris, 1872, 1 vol. in-8°, rel. veau.

954 B. **Lescuyer**, membre de plusieurs Sociétés savantes, à Saint-Dizier. — Du droit de chasse et des tendues. Reims, 1874, 1 vol. in-8°, rel. veau.

954 C. **Lescuyer**, membre de plusieurs Sociétés savantes, à Saint-Dizier. — Etude sur l'architecture des nids d'oiseaux. Bar-le-Duc, 1875, 1 vol. in-8°, rel. veau.

954 D. **Lescuyer**, membre de plusieurs Sociétés savantes, à Saint-Dizier. — La héronnière d'Ecury et le héron gris. Bar-le-Duc, 1876, 1 vol. in-8°, rel. veau.

954 E. **Lescuyer**, membre de plusieurs Sociétés savantes, à Saint-Dizier. — Les oiseaux de passage et les tendues. Bar-le-Duc, 1876, 1 vol. in-8°, rel. veau.

954 F. **Lombard**, avocat à Langres. — Les Langrois dans les prés de Saint-Gilles, ou la fête des bonnes gens, opéra-vaudeville. 1 vol. in-8°, manuscrit, rel. veau.

954 G. **Lombard**, avocat à Langres. — Joseph, poème en huit chants. Paris, 1807, 1 vol. in-12, rel. veau.

954 H. **Lombard**, avocat à Langres. — Mémoire pour Louis Fauche-Borel, imprimeur à Neufchâteau, contre Charles Perlet, journaliste à Paris, l'accusant de crimes. Paris, 1816, 1 vol. in-8°, rel. veau,

954 I. **Lacordaire**, député de la Haute-Saône. — Sa vie, ses travaux. Paris, 1842, 1 vol. in-8°, rel. chag.

954 J. **Lombard**, avocat à Langres. — Les souvenirs ou recueil de faits particuliers et d'anecdotes secrètes pour servir à l'histoire de la Révolution. Paris, 1819, 1 vol. in-8°, rel. veau.

954 K. **Lombard,** avocat à Langres. — Les mémoires d'un sot, contenant des niaiseries historiques et révolutionnaires. Paris, 1820, 1 vol. in-8°, rel. veau.

954 L. **Lombard.** — Mémoires anecdotiques pour servir à l'histoire de la Révolution française. Paris, 1823, 2 vol. in-8°, rel. veau.

954 M. **Lombard.** — Gaspard de Limbourg ou les Valois, suivi de Léonce de Surville. Paris, 1822, 3 vol. in-12, rel. veau.

954 N. **Lombard.** — Contes et anecdotes militaires, 5e édition, augmentée de : l'Invalide, le Maltotier, les Deux-Ormes, une jeune Grecque, la Campagne de Russie, le Phénix. Paris, 1828, 1 vol. in-12, rel. veau.

954 O. **Luquet,** évêque d'Hésébon. — De la vocation ou moyen d'atteindre sa fin dans le mariage et dans la vie parfaite. Le Mans, 1857, 2 vol. in-8°, rel. veau.

954 P. **La Luzerne** (de), ancien évêque de Langres. — L'excellence de la religion. Langres, 1805, 1 vol. in-12, rel. veau.

954 Q. **La Luzerne** (de), ancien évêque de Langres.— Dissertation sur la liberté de l'homme. Langres, 1808 1 vol. in-12, rel. veau.

954 R. **La Luzerne** (de), ancien évêque de Langres. — Considérations sur l'état ecclésiastique. — Langres 1809, 1 vol. in-12, rel. veau.

954 S. **La Luzerne** (de), ancien évêque de Langres. — Dissertation sur les églises catholiques et protestantes. Paris, 1816, 2 vol. in-12, rel. veau.

954 T. **La Luzerne** (de), ancien évêque de Langres. — Dissertations morales sur divers sujets de la religion. Paris, 1816, 1 vol. in-12, rel. veau.

954 U. **La Luzerne** (de), ancien évêque de Langres. — Dissertation sur la liberté de l'homme et sur la spiritualité de l'âme. Dôle, 1823, 1 vol. in-12, rel. veau.

955. **Magnin**, juge de paix. — Les abus et la réforme dans la propriété rurale. Neufchâteau, 1856, brochure in-8°.

956. **Magnier** (l'abbé). — Sa vie et ses œuvres, par l'abbé Frérot. Dijon, 1865, 1 vol. in-8°, rel. chag.

957. **Maitrot.** — Tityre et Daphnis, ou éloge des deux printemps. Vassy, 1874, brochure in-12.

958. **Mammès** (Saint) ou le grand martyr. — Sa vie, sa mort, par l'abbé Tincelin. Châtillon, 1870, 1 vol. in-12, rel. chag.

959. **Mammès** (Saint) ou le grand martyr. — Sa vie, sa mort. Paris, 1650, 1 vol. in-12, rel. chag.

960. **Chaumont**. — Projet tendant à procurer à la ville de Chaumont un excédant de revenus sans plus de charges au moyen de ses bois. Paris, 1832, 1 vol. in-8°, rel. chag.

961. **Mangin** (l'abbé de). — Les ecclésiastiques. — De leur ministère ou de la manière de s'acquitter de leurs fonctions, tant spirituelles que temporelles. Paris, 1757, 2 vol. in-12, couverts en veau.

(1er et 3e volumes, le 2e manque).

962. **Maranville.** — Arrêt du Parlement concernant la dixme des vins à Maranville. Paris, 1667, 1 vol. in-folio, rel. chag.

963. **Marcellier**, garde général des forêts du Val et de Vassy. — Notice sur ses enfants, par Rose Dollet. Vassy, 1861, 1 vol. in-8°, rel. chag.

963 *bis*. **Macheret**, Clément, curé d'Hortes. — Journal manuscrit de ce qui s'est passé de mémorable à Langres et aux environs de 1626 à 1658. 1 vol. in-4°, manuscrit, rel. chag.

964. **Mardor**. — Le calvaire de Mardor créé en 1828, par l'abbé Gallissot. Langres, 1828, 1 vol. in-16, broché.

965. **Martin**, André. — L'homme dans ses rapports avec les animaux. Chaumont, 1867, 1 vol. in-12, broché.

966. **Maitrot**, Emile. — République et Empire. — Poésie. Vassy, 1875, 1 vol. in-12, broché.

967. **Marizien**, Gervais, missionnaire apostolique en Chine. — Recueil de ses lettres. Vassy, 1 vol. in-8°, rel. chag.

968. **Martin**, colonel au 2e régiment de zouaves. — Sa notice manuscrite. 1865, brochure de 4 feuillets in-8°.

969. **Mathieu** (l'abbé). — Histoire ecclésiastique et civile du diocèse et des évêques de Langres et du département de la Haute-Marne. Chaumont, 1812, 1 vol. in-8°, rel. chag.

970. **Mathieu**, archevêque de Besançon. — Sa vie, ses vertus, par Jacques-Marie-Adrien Césaire. Paris, 1842, 1 vol. in-12, rel. chag.

971. **Maupin** (l'abbé). — Les litanies de la Sainte-Vierge, avec la musique. Paris, brochure in-8°.

972. **Prud'hommes.** — Enquêtes sur les conseils de prud'hommes et les livrets d'ouvriers. Saint-Dizier, 1869, brochure in-8°.

973. **Menne,** Charles. — Le pèlerinage à Rome en juin 1867. Chaumont, 1868, 1 vol. in-8°, rel. veau.

974. **Menne,** Charles. — Mes impressions à Notre-Dame de la Salette. Dijon, 1872, 1 vol. in-12, rel. veau.

975. **Météorologie.** — Notice sur les principaux orages de l'année 1875 dans la Haute-Marne, par Carlier, ingénieur en chef des ponts et chaussées. Brochure in-4°.

976. **Meuse.** — Le curage de la rivière de Meuse. Chaumont, 1852, brochure in-8°.

977. **Michel,** employé des ponts et chaussées. — A la Pologne, poésie. Chaumont, 1863, brochure in-8°.

978. **Migneret.** — Moyens de ramener les capitaux vers l'agriculture. Nancy, 1848, brochure in-8°.

979. **Moëslains, Valcourt.** — Rapports par les municipalités d'Eclaron, Hoëricourt, Louvemont, Moëslains et Valcourt, concernant l'encombrement du lit de la rivière de Marne, par les rochers. Saint-Dizier, 1791, brochure in-12.

980. **Mazelin** (l'abbé). — Vie de Saint-Aubin, évêque d'Angers et son pèlerinage à Moëslains. Bar-le-Duc, 1871, 1 vol. in-12, rel. chag.

981. **Mollot,** avocat à Paris. — Considérations sur l'urgente nécessité d'instituer des prud'hommes à Paris. Paris, 1839, 1 vol. in-8°, rel. veau.

982. **Monnel,** Simon, curé de Valdelancourt. — Réponse à l'exposition des principes sur la constitution civile du clergé catholique. Paris, 1790, 1 vol. in-8°, rel. veau.

983. **Molroguier**, ancien principal du collège de Langres. — Discours prononcé sur sa tombe, par Denain, inspecteur d'Académie. Chartres, 1865, 1 vol. in-8°, rel. chag.

984. **Montier-en-Der**. — Mémoire par MM. de Juigné, archevêque de Paris, de Clermont-Tonnerre, évêque de Châlons et les religieux de Montier-en-Der, contre les habitants dudit Montier-en-Der ; concernant la propriété des bois. Paris, 1784, 1 vol. in-4°, rel. chag.

985. **Montier-en-Der**. — Mémoire pour les habitants contre MM. de Juigné, archevêque de Paris, de Clermont-Tonnerre, évêque de Châlons et les religieux de Montier-en-Der, concernant la propriété des bois. 1784, 1 vol. in-4°, manuscrit, rel. chag.

986. **Montier-en-Der**. — Procès entre la commune de Montier-en-Der et M. Lavoye, notaire à Cirey, au sujet de la propriété d'un sentier. Vassy, 1849, 1 vol. in-4°, rel. chag.

987. **Montier-en-Der**. — Monographie de l'église abbatiale de Montier-en-Der, par l'abbé Bouillevaux. Chaumont, 1855, 1 vol. in-8°, rel. chag.

988. **Montier-en-Der**. — Description des vitraux de l'église abbatiale de Montier-en-Der, par Croix-Vigier, imprimeur. Chaumont, 1 vol. in-12, rel. chag.

989. **Montier-en-Der**. — Confession d'un habitant de Montier-en-Der contre l'abbé Bouillevaux, pièce en vers. 1845, une feuille in-4°, manuscrite.

990. **Montier-en-Der**. — Essai monographique orné de dessins de l'église abbatiale de Montier-en-Der, par l'abbé Odinot. Langres, 1873, 1 vol. in-8°, rel. chag.

991. **Mony**, curé de Saint-Dizier. — Sa vie, ses vertus, sa mort. Châtillon, 1850, 1 vol. in-16, rel. chag.

992. **Montier-en-Der**. — Le polyptique de l'abbaye de Montier-en-Der, par l'abbé LALORE. Saint-Dizier, 1878, 1 vol. in-8° broché.

993. **Lombard**. — Manuel du propriétaire d'abeilles. Paris, 1811, 1 vol. in-8°, broché.

994. **Montigny-le-Roi**. — Décret de la Convention nationale qui change ce nom en celui de Montigny-Source-Meuse. Chaumont, 1793, 1 vol. in-8°, rel. chag.

995. **Montigny-le-Roi**. — Notice historique sur cette ville, par LACORDAIRE. Châtillon, 1877, 1 vol. in-12, rel. chag.

996. **Montrol**. — Preuves de sa conduite à la Chambre des députés pendant l'envahissement du 15 mai. Chaumont, une feuille in-8°.

997. **Langres**. — Notice sur les couteliers de Langres au moyen âge, par Adrien DURAND. Chaumont, 1870, 1 vol. in-8°, rel. chag.

998 et 999. **Morimond**.— Histoire de l'abbaye de Morimond, par l'abbé DUBOIS, 1re et 2e éditions. Dijon, 1851 et 1852, 2 vol. in-8°, rel, chag.

1000. **Morimond** et les milices chevaleresques d'Espagne et de Portugal, par ARCELIN, Adrien, archiviste. Chaumont, 1864, 1 vol. in-8°, rel. chag.

1001. **Morisson** (de), procureur de la République à Vassy. — Pièce en vers adressée à M. et à Mme de Morisson, en souvenir et à l'occasion de la mort de leur fils. Vassy, 1850, 1 vol. in-8°, rel. chag.

1002. **Morlot** (le cardinal), archevêque de Paris. — Sa vie, ses vertus, sa mort. Paris, 1 vol. in-12, rel. chag.

1003. **Morlot** (le cardinal), archevêque de Paris. — Notice historique sur sa vie. Paris, 1863, 1 vol. in-8°, rel. chag.

1004. **Morlot** (le cardinal), archevêque de Paris. — Sa notice biographique. Paris, 1863, 1 vol. in-8°, rel. chag.

1005. **Morlot**. — Son éloge, par GUY, président de la Société d'agriculture de l'Aube. Troyes, 1833, 1 vol. in-8°, rel. chag.

1006. **Morlot**, évêque d'Orléans. — Biographie du clergé contemporain. Paris, 1841, 1 vol. in-12, rel. chag.

1007. **Morlot** (le cardinal), archevêque de Paris. — Sa maladie et ses derniers moments. Paris, 1863, 1 vol. in-8°, rel. chag.

1008. **Morlot** (le cardinal), archevêque de Paris.— Oraison funèbre prononcée par l'abbé FEPPEL, professeur d'éloquence à la Sorbonne. Paris, 1863, 1 vol. in-8°, rel. chag.

1009. **Morlot** (le cardinal), archevêque de Paris. — Sa notice, par FOISSET, conseiller à la cour d'appel de Dijon. Paris, 1863, 1 vol. in-8°, rel. chag.

1010. **Morlot** (le cardinal), archevêque de Paris. — Mandements du chapitre métropolitain de l'église de Paris et des vicaires généraux capitulaires, administrant le diocèse de Paris, le siège étant vacant, qui ordonnent des prières pour le repos du cardinal Morlot. Paris, 1862, 1 vol. in-4°, rel. chag.

1011. **Mougeot,** docteur en médecine à Bar-sur-Aube. — Réforme nécessaire du suffrage universel. Bar-sur-Aube, 1871, 1 vol. in-8°, rel. veau.

1012. **Mougeot,** docteur en médecine à Bar-sur-Aube. — Ses notes médicales sur les effets et l'emploi des remèdes. Paris, 1865, 1 vol. in-8°, rel. veau.

1013. **Mougeot,** docteur en médecine à Bar-sur-Aube. — Itinéraire d'un Ubiétiste à travers les sciences et la religion. Bar-sur-Aube, 1870, 1 vol. in-12, broché.

1014. **Mougeot,** docteur en médecine à Bar-sur-Aube. — Lettre d'un vaincu. Bar-sur-Aube, 1873, brochure in-8°.

1015. **Mugnerot.** — Recueil de poésies sacrées, suivies de plusieurs histoires et pièces diverses. Paris, 1846, 1 vol. in-8°, rel. veau.

1016. **Mugnerot,** homme de lettres à Arbot et **Martin,** aubergiste à Auberive. — Nouveau traité intéressant et très curieux sur les jeux de cartes à la partie simple (ouvrage amusant et récréatif pour les sociétés. Langres, 1850, 1 vol. in-8°, rel. veau.

1017. **Musnier,** Anne, héroïne du XIIe siècle. — Cantique latin à sa gloire, par Félix BOURQUELOT. Paris, brochure in-8°.

1018. **Montigny-le-Roi.** — Mémoire pour dame Nicole-Louise Henriot, veuve Thomassin, contre le duc d'Orléans et Gendel, ancien juge, au sujet des droits de la seigneurie de Montigny. Dijon, 1820, 1 vol. in-4°, rel. chag.

1019. **Massin,** procureur général à la Cour de Riom. — Audience solennelle pour son installation. Riom, 1864, 1 vol. in-8°, rel. chag.

1019 A. **Mengin-Fondragon** (le baron de). — Lettres à ma fille ou conseils sur l'éducation. Paris, 1843, 1 vol. in-12, rel. veau.

1019 B. **Morlot** (le cardinal), archevêque de Paris. — Sa vie, sa mort et ses funérailles. Paris, 1863, 1 vol. in-4°, rel. chag.

1019 C. **Mutel,** professeur à Bourmont. — Instruction familière sur les nouveaux poids et mesures, précédée des éléments du calcul décennal et distribuée par demandes et réponses, à l'usage des écoles primaires. Chaumont, 1803, 1 vol. in-12, rel. veau.

1020. **Navier,** Pierre-Toussaint, médecin. — Sa vie, son éloge. 1 vol. in-4°, rel. chag.

1021. **Nogent-le-Roi.** — Décret de la Convention nationale qui change ce nom en celui de Nogent-Haute-Marne. 1793, 1 vol. in-8°, rel. chag.

1022. **Nogent-le-Roi.** — Les trois prétendus patriotes de Nogent, Dubreuil, Guichenot et Rascenet. 1793, 1 vol. in-4°, rel. chag.

1023. **Nogent-le-Roi.** — Règlement de police municipale de Nogent. Chaumont, 1860, 1 vol. in-8°, rel. chag.

1024. **Nogent-le-Roi.** — Règlement et taxe de l'abattoir de Nogent. Chaumont, 1861, 1 vol. in-8°, rel. chag.

1025. **Nogent-le-Roi.** — M. Maréchal-Girard et la coutellerie de Nogent, par Victor Meunier. Paris, 1861, 1 vol. in-8°, rel. chag.

1026. **Nogent-le-Roi.** — Règlement de la société de secours mutuels de Nogent. Chaumont, 1862, 1 vol. in-12, rel. chag.

1027. **Nogent-le-Roi**. — L'épidémie d'angines couenneuses et diphthéritiques observée à Nogent en 1871 et 1872, par le docteur FLAMARION. Chaumont, 1873, 1 vol. in-8°, rel. chag.

1028. **Nogent-le-Roi**. — Documents relatifs à l'histoire de Nogent, par Gustave COUVREUX, licencié en droit. Paris, 1875, 1 vol. in-4°, rel. chag.

1029 et 1030. **Nogent-le-Roi**. — Notes sur l'histoire de Nogent. — Examen critique de quelques opinions émises sur cette histoire, par Arthur DAGUIN. Paris, 1876 et 1877, 2 vol. in-8°, rel. chag.

1031. **Montrol**. — Simples récits sur l'origine et l'extension des salles d'asile. Chaumont, brochure in-12.

1032. **Noidant-le-Rocheux** et **Vieux-Moulins**. — Arrêt du Grand-Conseil du roi, portant règlement pour les portions congrues des curés jusqu'à la somme de 400 livres. Paris, 1634, 1 vol. in-12, rel. chag.

1033. **Nully**. — Mémoire sur les droits d'usage et bois commun de Nully, par POTHIER, 1802, 1 vol, in-4°, manuscrit, rel. chag.

1034. **Noirot-Bonnet**. — Théorie de l'aménagement des forêts. Paris, 1842, 1 vol. in-8°, rel. veau.

1035. **Gaz** (le) et l'huile de pétrole. Brochure in-4°, et un numéro du journal le Voleur.

1036. **Osne-le-Val**. — Pièces justificatives de l'intervention et du désaveu des habitants d'Osne-le-Val, au sujet d'un barrage construit sur la rivière. — Arrêt de 1766 contre le comte de Curel. Paris, 1783, 1 vol. in-4°, rel. chag.

1037. **Oudot,** professeur. — Sa notice, son éloge, sa mort, par Alexis Pierron, professeur au Lycée Saint-Louis. Paris, 1855, 1 vol. in-12, rel. chag.

1038. **Parisis,** évêque de Langres. — Sa vie, ses vertus. — Biographie du clergé contemporain, 82e livraison. Paris, 1844, 1 vol. in-12, rel. chag.

1039. **Parisis,** évêque de Langres. — Son discours sur le projet de loi de l'instruction publique. Paris, 1850, 1 vol. in-8°, rel. chag.

1040. **Parisis,** évêque de Langres — Sa vie, ses vertus, par Louis Veuillot. Paris, 1864, 1 vol. in-8°, rel. chag.

1041. **Parisis,** évêque d'Arras — Démonstration sur la proposition Jésus-Christ est Dieu. Paris, 1863, brochure in-8°.

1042. **Parisis,** évêque de Langres. — Etat de la question liturgique. Paris, 1846, brochure in-8°.

1043. **Parisis,** évêque d'Arras. — Des devoirs de famille. Arras, 1866, brochure in-12.

1044. **Parisis,** évêque de Langres. — Examen des vrais principes de la liberté d'enseignement. Paris, 1844, 1 vol. in-12, rel. chag.

1045. **Parisis,** évêque de Langres. — Ses divers discours prononcés avant la distribution des prix du Séminaire de Langres. Châtillon-sur-Seine, 1850, 1 vol. in-12, rel. chag.

1046. **Pauwels,** député de la Haute-Marne. — Son discours du projet de loi sur les douanes. Paris, 1841, 1 vol. in-8°, rel. chag.

1047. **Pauwels,** député de la Haute-Marne. — Le choléra-morbus. — Sa cause, ses effets, son traitement. Paris, 1848, 1 vol. in-8°, rel. veau.

1048. **Peignot** — Manuel bibliographique ou essai sur les bibliothèques anciennes et modernes. Paris, 1800, 1 vol. in-8°, rel. chag.

1049. **Peignot**. — Dictionnaire raisonné de bibliologie contenant l'explication des principaux termes relatifs à la bibliographie et à l'art typographique. Paris, 1802, 2 vol. in-8°, rel. chag.

1050. **Peignot.** — Répertoire bibliographique universel contenant la notice raisonnée des bibliographies spéciales et d'un grand nombre d'ouvrages de bibliographie, relatifs à l'histoire littéraire. Paris, 1812, 1 vol. in-8°, rel. chag.

1051. **Peignot**. — Bibliothèque choisie des classiques latins considérés sous le rapport historique. Dijon, 1813, 1 vol. in-8°, rel. chag.

1052. **Peignot**. — Précis chronologique sur le règne de Louis XVIII, en 1814, 1815 et 1816, indiquant jour par jour les événements politiques, civils, militaires et littéraires, qui ont eu lieu tant en France qu'à l'étranger. Dijon, 1816, 1 vol. in-8°, rel. chag.

1053. **Peignot**. — Recherches sur les ouvrages de Voltaire. Dijon, 1817, 1 vol. in-8°, rel. chag.

1054. **Notaires.** — Etat nominatif des notaires de l'arrondissement de Chaumont, par DELACROIX. Chaumont, 1850, brochure in-8°.

1055. **Peignot**. — Essai historique sur la lithographie et sa découverte. Dijon, 1819, 1 vol. in-8°, rel. chag.

1056. **Peignot.** — Essai chronologique sur les hivers les plus rigoureux depuis 396 ans avant Jésus-Christ, jusqu'en 1820, suivi des effets les plus singuliers de la foudre, depuis 1676 jusqu'en 1821. Paris, 1821, 1 vol. in-8°, rel. chag.

1057. **Peignot.** — Manuel du bibliophile, ou traité du choix des livres, ouvrage en deux volumes. Dijon, 1823, 1 vol. in-8°, rel. chag.
(Le 1er volume est inscrit au n° 282.)

1058. **Peignot.** — Mémorial religieux ou choix de pensées sur la Religion et sur l'Ecriture-Sainte. Dijon, 1824, 1 vol. in-12, rel. chag.

1059. **Peignot.** — Recherches historiques et littéraires sur les danses des morts et sur l'origine des cartes à jouer. Dijon, 1826, 1 vol. in-8°, rel. chag.

1060. **Peignot.** — Documents authentiques et détails curieux sur les dépenses de Louis XIV en bâtiments et châteaux royaux. Dijon, 1827, 1 vol. in-8°, rel. chag.

1061. **Peignot.** — Histoire de la Passion de Jésus-Christ composée en 1490 par le R. P. Olivier Maillard et publiée en 1828, par Gabriel Peignot, comme monument de la langue française au xve siècle. Paris, 1828, 1 vol. in-8°, rel. chag.

1062. **Peignot.** — Recherches historiques sur la personne de Jésus-Christ et de sa famille et sur celle de Marie, avec des notes philologiques, des tableaux synoptiques et une table des matières. Dijon, 1829, 1 vol. in-8°, rel. chag.

1063. **Peignot.** — Histoire ou relation d'un événement extraordinaire et tragique survenu à Dijon, dans le xviie siècle, suivi des vie, condamnation et lettres de grâce d'Hélène Gillet, de Bourg-en-Bresse. Dijon, 1829, 1 vol. in-8°, rel. chag.

1064. **Peignot.** — Choix de testaments anciens et modernes, remarquables par leur importance, leur singularité ou leur originalité et bizarrerie, avec des détails historiques et des notes. Dijon et Paris, 1829, 2 vol. in-8°, rel. chag.

1065. **Peignot.** — Précis historique, généalogique et littéraire sur la maison d'Orléans, avec des notes, tables et tableaux. Paris, 1830, 1 vol. in-8°, rel. chag.

1066. **Peignot.** — Notice sur les miniatures et les tableaux en couleur, réunis dans un manuscrit du XVe siècle, précédée de quelques recherches sur l'usage d'enrichir les livres de ces sortes d'ornements chez les anciens et au moyen âge. Dijon, 1832, 1 vol. in-8°, rel. chag.

1067. **Montrol** (F.) de, député de la Haute-Marne. — La magistrature et les élections, brochure in-12, deuxième partie seulement.

1068. **Peignot.** — Essai historique sur la liberté d'écrire chez les anciens et au moyen âge, et sur la liberté de la presse, depuis le XVe siècle. Paris, 1832, 1 vol. in-8°, rel. chag.

1069. **Peignot.** — Essai sur la reliure des livres et sur l'état de la librairie chez les anciens. 1833, 1 vol. in-8°, rel. chag.

1070. **Peignot.** — Essai analytique sur l'origine de la langue française et sur un recueil de monuments de cette langue avec des notes historiques, philologiques et bibliographiques. Dijon, 1835, 1 vol. in-8°, rel. chag.

1071. **Peignot.** — Les Bourguignons salés. — Diverses conjectures des savants sur l'origine de ce dicton populaire, recueillies et publiées avec des notes historiques et philologiques, par Gabriel PEIGNOT. Dijon, 1835, 1 vol. in-8°, rel. chag.

1072. **Peignot.** — Notice sur la vie, les œuvres et la mort de Pierre Arétin, poète distingué, sur sa fortune et les moyens dont il se l'est procurée et sur l'emploi qu'il en a fait. Dijon, 1836, 1 vol. in-8°, rel. chag.

1073. **Peignot.** — Recherches sur le dicton populaire faire ripaille. Dijon, 1836, 1 vol. in-8°, rel. chag.

1074. **Peignot.** — Souvenirs de la tour Saint-Paul de Londres suivis de quelques détails sur un autre monument de la même ville. Dijon, 1836, 1 vol. in-8°, rel. chag.

1075 **Peignot.** — La selle chevalière. — Mœurs et usages au moyen âge. Dijon, 1836, 1 vol. in-8°, rel. chag.

1076. **Peignot.** — Recherches historiques sur l'usage de boire à la santé. Dijon, 1836, 1 vol. in-8°, rel. chag.

1077. **Peignot.** — Notice sur la vie et les ouvrages de Amanton, par Gabriel PEIGNOT. Dijon, 1837, 1 vol. in-8°, rel. chag.

1078. **Peignot.** — Recherches sur le luxe dans l'ameublement chez les Romains, avec des notes. Dijon, 1837, 1 vol. in-8°, rel. chag.

1079. **Peignot.** — Détails historiques sur le siège de la ville de Dijon en 1513, sur le traité qui l'a terminé et sur la tapisserie qui le représente. Dijon, 1838, 1 vol. in-4°, rel. chag.

1080. **Peignot.** — Histoire de la fondation des hôpitaux du Saint-Esprit de Rome et de Dijon, représentée en 22 sujets gravés d'après les miniatures d'un manuscrit de la bibliothèque de l'hôpital de Dijon, accompagnée d'une description et d'un précis chronologique. Dijon, 1838, 1 vol. in-4°, rel. chag.

1081. **Cabasse.** — Notice au sujet du traitement des fractures de jambe Paris, 1865, brochure in-8°.

1082. **Peignot.** — Eléments de morale rédigés d'une manière simple, claire et proportionnée à l'intelligence des enfants. Dijon, 1838, 1 vol. in-12, rel. chag.

1083. **Peignot.** — Recherches sur d'anciennes traductions françaises de l'Oraison dominicale et d'autres pièces religieuses. Dijon, 1839, 1 vol. in-8°, rel. chag.

1084. **Peignot.** — Recherches sur le tombeau de Virgile, poète de Mantoue, au mont Pausilippe près de Naples. Dijon, 1840, 1 vol. in-8°, rel. chag.

1085. **Peignot.** — Révélations singulières et amusantes sur les sermons des prédicateurs entremêlées d'extraits piquants, bizarres, burlesques et facétieux, prêchés tant en France qu'à l'étranger, dans les XV°, XVI° et XVII° siècles. Dijon, 1841, 1 vol. in-8°, rel. chag.

1086. **Peignot.** — Livre des singularités et des sornettes de Philomeste, auteur des *Amusements philologiques*. Dijon, 1841, 1 vol. in-8°, rel. chag.

1087. **Peignot.** — Catalogue d'une partie des livres de la bibliothèque des ducs de Bourgogne au XV° siècle, 2° édition, revue et augmentée du Catalogue de la bibliothèque des Dominicains de Dijon, en 1307, avec détails historiques, philologiques et bibliographiques. Dijon, 1841, 1 vol. in-8°, rel. chag.

1088. **Peignot.** — Recherches historiques sur l'origine et l'usage de la pénitence appelée discipline. Dijon, 1841, 1 vol. in-8°, rel. chag.

1089. **Peignot.** — Les amusements philologiques ou variétés en tous genres. Dijon, 1842, 1 vol. in-8°, rel. chag.

1090. **Peignot.** — Le voyage de Piron, à Beaune, écrit par lui, accompagné de pièces satyriques et de sa biographie anecdotique. Dijon, 1847, 1 vol. in-8°, rel. chag.

1091. **Peignot.** — Catalogue d'une nombreuse collection de livres anciens, rares et curieux, provenant de la bibliothèque de Gabriel Peignot. Paris, 1852, 1 vol. in-8°, rel. chag.

1092. **Peignot.** — Notice biographique et bibliographique sur Gabriel Peignot. Sa vie, ses ouvrages. Paris, 1857, 1 vol. in-8°, rel. chag.

1093. **Peignot.** — Notice sur la vie et les ouvrages de Gabriel Peignot, par Paul Guillemot. Dijon, 1 vol. in-8°, rel. chag.

1094. **Peignot.** — Ses lettres à son ami N. D. Baulmont, inspecteur divisionnaire des Postes en retraite, mises en ordre et publiées par son petit-fils Emile Peignot. Dijon, 1857, 1 vol. in-8°, rel. chag.

1095. **Peignot.** — Catalogue supplémentaire des livres de Gabriel Peignot, comprenant plusieurs ouvrages non indiqués dans les catalogues publiés précédemment. Paris, 1861, 1 vol. in-8°, rel chag.

1096. **Peignot.** — Catalogue des livres provenant de la bibliothèque de Gabriel Peignot. Dijon, 1856, 1 vol. in-8°, rel. chag.

1097. **Peignot.** — Essai sur la vie et les ouvrages de Gabriel Peignot, accompagné de pièces de vers inédites, par Jules Simonnet. Dijon, 1863, 1 vol. in-8°, rel. chag.

1098. **Peignot.** — Lettres et observations sur la ville de Dijon sous le nom d'Argos, et lettre d'un Dijonnais à son ami, avec des notes inédites. Dijon, 1863, 1 vol. in-8°, rel. chag.

1099. **Peignot.** — Contes en vers sur les oies et les chevreuils, en 1811. Paris, 1863, 1 vol. in-8°, rel. chag.

1100. **Peignot.** — Relation d'un congrès tenu par les oiseaux de la Haute-Saône, à l'occasion d'une certaine ambassade de bartavelles. Paris, 1863, 1 vol. in-8°, rel. chag.

1101. **Peignot.**— Ses opuscules, ses ouvrages, ses lettres. — Extraits de divers journaux, revues, recueils littéraires, etc., par Milsand, bibliothécaire-adjoint de la ville de Dijon. Dijon, 1863, 1 vol. in-8°, rel. chag.

1102. **Peignot** (Relation à) dans le Bulletin du bouquiniste, par J. Frionnet, en religion, frère Asclépiade. Paris, 1863, brochure in-8°.

1103. **Peignot.** — Ambassade des bartavelles du Dauphiné, précédée de quelques recherches bibliographiques sur cet opuscule et sur quelques autres du même genre et du même auteur. Paris, 1864, 1 vol. in-8°, rel chag.

1104. **Peignot.** — Nouvelle ambassade des bartavelles du Dauphiné. Paris, 1864, 1 vol. in-8°, rel. chag.

1105 **Peignot.** — La vraie ambassade des bartavelles du Dauphiné, par Gabriel Peignot, précédée de quelques réflexions sur le texte de cet opuscule, données par le frère Asclépiade, dans le Bulletin du bouquiniste de janvier 1864. Dijon, 1865, 1 vol. in-8°, rel. chag.

1106. **Peignot.** — Notice chronologique des souverains, princes et princesses d'Europe qui ont péri de mort violente ou qui ont été exposés aux attentats des assassins, depuis 1437 à 1840. Paris, 1865, 1 vol. in-8°, rel. chag.

1107. **Peignot**. — Ses manuscrits. — Lettre au directeur du Bulletin du bouquiniste, par le bibliophile JACOB. Paris, 1870, 1 vol. in-8°, rel. chag.

1108. **Peltereau-Villeneuve**, député de la Haute-Marne. — Son discours relatif à la réforme électorale. Paris, 1847, 1 vol. in-8°, rel. chag.

1109. **Peltereau-Villeneuve**, député de la Haute-Marne. — Son discours sur la navigation intérieure. Paris, 1843, 1 vol. in-8°, rel. chag.

1110. **Peltereau-Villeneuve**, député de la Haute-Marne. — Son discours concernant les frais d'abatage et de façonnage des coupes de bois. Paris, 1844, 1 vol. in-8°, rel. chag.

1111. **Penthièvre** (le duc de). — Sa vie, ses œuvres, son testament, par Mme GUÉNARD, veuve Méré. Paris, 1803, 1 vol. in-12, rel. chag.

(Ce volume comprend les tomes I et II réunis).

1112. **Gillet**. — Sa thèse pour la licence de la faculté de droit. Paris, 1869, brochure in-8°.

1113. **Percey-le-Pautel**. — Les statuts de l'asile Saint-Augustin de Percey le Pautel, fondé par Madame la comtesse de Pommeroy. Langres, 1866, 1 vol. in-8°, rel. chag.

1114. **Pernot**, artiste peintre. — Son journal. — Notes biographiques sur lui, ses travaux et récits des événements auxquels il a assisté à Paris 1793 à 1848, 1 vol. in-8°, manuscrit, rel. chag.

1115. **Pernot**, artiste peintre. — Ses travaux en quelques portraits et croquis. — Petit album de personnages en costume de l'époque. 1816 à 1829, 1 vol. in-16, cartonné.

1116. **Pernot**, artiste peintre. — Ses mémoires sur un voyage en Champagne et notes diverses. 1 vol. in-12, manuscrit, rel. chag.

1117. **Pernot**, artiste peintre. — Ses mémoires. — Notes sur le château de Cirey-sur-Blaise. 1814 et 1815, 1 vol. in-12, manuscrit, cartonné.

1118. **Pernot**, artiste peintre. — Notices historiques sur les principales villes de la Haute-Marne. 1820 à 1822, 1 vol. in-8°, manuscrit, cartonné.

1119. **Pernot**, artiste peintre. — Ses souvenirs et ses mémoires. 1811, 1812 et 1813, 1 vol. in-12, manuscrit, cartonné.

1120. **Pernot**, artiste peintre. — Jeanne d'Arc champenoise et non lorraine. Orléans, 1852, brochure in-8°.

1121. **Pernot**, artiste peintre. — Raisons et faits qui amenèrent dans les arts et surtout dans l'architecture religieuse le changement qui s'opère au XVIe siècle et pendant les siècles suivants. Reims, 1853, brochure in-8°.

1122. **Pernot**, artiste peintre. — Souvenir historique sur Charles-le-Téméraire, empereur romain, roi de France. Arras, 1854, brochure in-8°.

1123. **Pernot**, artiste peintre. — Exposition de Saint-Dizier. — Revue et nomenclature des dessins historiques exécutés par PERNOT. Saint-Dizier, 1860, brochure in-8°.

1124. **Pernot**, artiste peintre. — Souvenirs historiques sur Jeanne d'Arc. Vassy, 1862, brochure in-8°.

1125. **Pernot**, artiste peintre. — Réponse à la brochure d'Henri Lepage, ayant pour titre : Jeanne d'Arc est-elle lorraine ? 1853, brochure in-8°.

1126. **Pernot**, *artiste peintre*. — Fac-similé d'un fragment de la carte territoriale du bailliage de Chaumont de 1766. Une feuille.

1127. **Pernot**, artiste peintre. — Mémoire et étude sur la vie, les œuvres et les vertus de saint Bernard. Troyes, 1865, brochure in-8°.

1128. **Pernot**, artiste peintre — Description, souvenirs historiques et dessins archéologiques du vieux Paris. Vassy, 1864, brochure in-12.

1129. **Perrey**, Alexis, professeur. — Notice sur les tremblements de terre ressentis à Angers et dans le département de Maine-et-Loire. Angers, 1844, brochure in-8°.

1130 et 1131. **Perrey**, Alexis, professeur. — Notice et liste des tremblements de terre ressentis en Europe. Dijon et Paris, 1844 et 1854, brochures in-8°.

1132. **Perthes**. — L'Eglise Saint-Léger de Perthes et les pèlerinages champenois. — Hommage de respect et d'amour à mes paroissiens, par l'abbé Bouillevaux. Chaumont, 1849, 1 vol. in-8°, rel. chag.

1133. **Pignerol**, Albert, docteur en médecine — De l'ablation et du traitement des tumeurs érectiles, par l'anse galvanocaustique. Paris, 1874, brochure in-8°.

1134. **Mangin** (l'abbé). — L'histoire ecclésiastique, civile, politique, littéraire et topographique du diocèse de Langres. Paris, 1765 et 1775, 3 vol. in-12, couverts en veau.

1135. **Petit Douxciel** (l'abbé). — De la structure et physionomie de l'homme. Langres, 1648, 1 vol. in-8°, couvert en parchemin.

1136. **Petitot**, Pierre, et son fils Louis, statuaires à Langres. — Leur notice biographique, par Alfred Mettrier, avocat à Langres. Langres, 1867, 1 vol. in-8°, rel. chag.

1137. **Richier**. — Thèse pour la licence de la faculté de droit. Paris, 1827, brochure in-8°.

1138. **Pissot**, notaire à Doulevant. — Les abus et les réformes. Vassy, 1871, 1 vol. in-8°, rel. veau.

1139. **Potier de Pommeroy** (le comte). — Sa vie, ses travaux, sa famille, par Chauchard, député de l'arrondissement de Langres. Paris, 1860, 1 vol. in-8°, rel. chag.

1140. **Pimodan** (le général, marquis, Georges de). — Souvenirs des campagnes d'Italie et de Hongrie. Paris, 1861, 1 vol. in-8°, rel. chag.

1141. **Pimodan** (le général, marquis, Georges de). — Sa vie, ses campagnes. — Galerie des contemporains, 5e livraison, par Dollingen. Paris, 1860, 1 vol. in-16, rel. chag.

1142. **Pistollet de Saint-Ferjeux**. — Mémoire sur la distance et la valeur de l'ancienne lieue gauloise. Langres, 1852, 1 vol. in-8°, rel. veau.

1143. **Pistollet de Saint-Ferjeux**. — De l'amélioration des races bovines en France et particulièrement dans les départements de l'Est. Paris, 1857, 1 vol. in-12, rel. veau.

1144. **Pistollet de Saint-Ferjeux**. — Observations sur le lieu où a été livrée la bataille entre César et Vercingétorix, avant le siège d'Alésia. Paris, 1863, 1 vol. in-8°, rel. chag.

1145 **Plongerot**. — Notice sur l'établissement agricole et professionnel de Plongerot, par l'abbé Bizot. Langres, 1859, brochure in-8°.

1146. **Besancenet** (de) — Souvenirs du camp de Compiègne sur le recrutement de l'armée. Langres, 1841, brochure in-8°.

1147. **Poulangy**. — Lettres-patentes portant confirmation des statuts de l'abbaye royale de Poulangy, en 1742. Paris, 1755, 1 vol. in-folio, rel. chag.

1148 et 1149. **Poulangy**. — Mémoire pour dame Louise-Jeanne-Philippes de Gramont, abbesse de l'abbaye royale de Poulangy, contre Mme de Brienne et autres religieuses de ladite abbaye, concernant les statuts. Paris, 1755, 2 vol. in-folio, rel. chag.

1150. **Préfecture**. — Bulletin des actes administratifs de la Préfecture de la Haute-Marne. Chaumont, 1815 à 1875, 26 vol. grand in-12, rel. veau.

Cette collection est complète.

1150 *bis*. **Préfecture**. — Bulletin des actes administratifs de la préfecture de la Haute-Marne. Chaumont, 1876, en feuilles.

1151. **Puellemontier**. — Notice historique sur les deux monastères, le village, l'église, le collège et le château de Puellemontier, suivie d'une notice sur l'abbaye de Boulancourt, par l'abbé Didier. Troyes, 1867, 1 vol. in-8°, rel. chag.

1152. **Pope**. — Les principes de la morale et du goût, traduit de l'anglais par du Resnel, abbé de Sept-Fontaines. Paris, 1738, 1 vol. in-12, couvert en veau.

1152 *bis*. **Penthièvre** (le duc de). — Sa vie, sa mort, d'après les documents inédits (1725-1793), par Honoré Bonhomme. Paris, 1869, 1 vol. in-12, rel. chag.

1153. **Ravelet.** — Traité des congrégations religieuses, commentaire des lois et de la jurisprudence, précédé d'une introduction historique et économique. Paris, 1869, 1 vol. in-8°, rel. veau.

1154. **Ravelet.** — Le nouveau Jésus de M. Renan. Paris, 1864, 1 vol. in-16, rel. veau.

1155. **Ravelet.** — Code manuel des lois sur la presse. Paris, 1868, 1 vol. in-12, rel. veau.

1156. **Ravelet.** — Les jésuites et les associations religieuses devant les lois prochaines. Paris, 1870, 1 vol. in-12, rel. veau.

1157. **Ravelet.** — Le code manuel des lois civiles et ecclésiastiques. Paris, 1873, 1 vol. in-12, rel. veau.

1158. **Ravelet.** — De Paris à Lourdes. — Lettres d'un pèlerin. Paris, 1872, 1 vol. in-12, rel. veau.

1159. **Ravelet.** — Histoire du vénérable Jean-Baptiste de la Salle, fondateur de l'Institut des frères des écoles chrétiennes. — Sa vie, ses œuvres et sa mort. Paris, 1874, 1 vol. in-8°, rel. veau.

1160. **Ravelet.** — Le futur gouvernement de la France. Paris, 1 vol. in-8°, rel. veau.

1161. **Reynaud**, professeur. — Ode sur le faux bonheur. — Poésie. Chaumont, 1766, brochure in-12.

1162. **Régnier**, Edmond. — Des tendances des idées religieuses au XIXe siècle. Cambrai, 1849, brochure in-8°.

1163. **Regnier, Joseph.** — Deuxième voyage à la Sainte-Robe de Trèves. Paris, 1846, brochure in-8°.

1164 et 1165. **Renard**, Athanase, député de la Haute-Marne. — De la situation parlementaire de la France. Paris, 1838 et 1842, 1 vol. in-8°, rel. chag. et une brochure in-8°.

1166. **Renard**, Athanase, deputé de la Haute-Marne. — Jeanne d'Arc, la pucelle d'Orléans ou la fille du peuple. — Drame historique et critique. Paris, 1851, 1 vol in-12, rel. veau.

1167. **Langres**. — Les statuts et règlement de la caisse d'épargne de la ville de Langres. 1835, brochure in-8°.

1168. **Renard,** Emile. — Coalition à la Chambre des députés. Paris, 1838, 1 vol. in-8°, rel. veau.

1169. **Renard,** Emile. — De l'invasion des députés dans l'administration et dans les emplois publics. Paris, 1844, 1 vol. in-8°, rel. veau.

1170. **Renard,** Emile. — Le cultivateur à Paris. — Drame en 4 actes et en prose. Paris 1858, 1 vol. in-12, rel. vêau.

1171. **Renard**, Emile. — L'Empire ou la Révolution politique et sociale. — Avis aux électeurs. Paris, 1869, brochure in-8°.

1172. **Renard,** Emile. — De la guerre à Dieu et à la religion par le parti radical. Paris, 1876, brochure in-8°.

1173. **Rozet**, Jules. — Sa vie, ses travaux, par Reybaud, Louis, membre de l'Institut. Paris, 1877, 1 vol. in-8°, rel. chag.

1174. **Reynel.** — Abrégé de la vie et la retraite de Clermont-d'Amboise, chevalier de Reynel, brigadier de cavalerie dans les armées du Roi. Paris, 1606, 1 vol. in-16, rel. chag.

1175. **Philpin de Rivières**, prêtre de l'oratoire de Londres. — Les guirlandes de mai. — Poésie et cantiques. 1° Les Roses du P. Faber ; 2° les Violettes ; 3° les Fleurs détachées. Paris, 1865, 1 vol. in-8°, rel. veau.

1176 **Robert**, médecin à Chaumont. — Lettre sur la fièvre miliaire. Chaumont, 1839, 1 vol. in-8°, rel. chag.

1177. **Robert**, médecin à Chaumont. — Extirpation et guérison du cancer du rectum. Chaumont, 1855, 1 vol. in-8°, rel. chag.

1178. **Roches** et **Bettaincourt**. — Mémoire pour Alexandre Bernard de Pont, marquis de Rennepont, contre les communes de Roches et Bettaincourt, au sujet de la propriété d'un bois. Dijon, 1826, 1 vol. in-4°, rel. chag.

1179. **Roger**, membre de l'Institut. — Discours de M. Patin, prononcé dans la séance publique du 5 janvier 1843, à l'Académie française, en venant prendre la place de M. Roger, décédé. Paris, 1843, 1 vol. in-4°, rel. chag.

1180. **Roger**, membre de l'Institut. — Discours prononcé à ses funérailles, par le baron de Barante, directeur de l'Académie. Paris, 1842, 1 vol. in-4°, rel. chag.

1181. **Roger**, membre de l'Institut. — Son discours de réception à l'Académie française. Paris, 1817, 1 vol. in-4° rel. chag.

1182. **Roger**, membre de l'Institut. — Son discours pour l'ouverture des cours de la Société des bonnes lettres. Paris, 1822, brochure in-12.

1183. **Roger**, membre de l'Institut. — Ses œuvres, publiées par Charles Nodier, de l'Académie française. Paris, 1835, 2 vol. in-8°, rel. veau.

1184. **Rougevin**, agent-voyer. — Le conseiller municipal de village. Chaumont, 1850, 1 vol. in-8°, rel. veau.

1185 et 1186. **Romieu**, Auguste, ancien préfet de la Haute-Marne. — De la nécessité d'une direction générale des sciences. Paris, 1847, 2 vol. in-8°, rel. veau.

1187. **Romieu**, Auguste, ancien préfet de la Haute-Marne. — De l'administration sous le régime républicain. Paris, 1849, 1 vol. in-12, rel. veau.

1188. **Romieu**, Auguste, ancien préfet de la Haute-Marne. — L'ère des Césars. Paris, 1850, 1 vol in-12, rel. veau.

1189. **Romieu** (Madame), Marie-Sincère. — Des paysans et de l'agriculture en France, au XIXe siècle. — Intérêts, mœurs, institutions. Paris, 1865, 1 vol. in-8°, rel. veau.

1190. **Romieu**, Auguste. — Les proverbes romantiques. Paris, 1827, 1 vol. in-8° broché.

1191. **Roussat**, Richard, chanoine et médecin de Langres. — Des éléments et principes d'astronomie avec les universels jugements sur cette partie. Paris, 1552, 1 vol. in-12, couvert en veau.

1192. **Roussat**, Jean, maire de la ville de Langres et **Henri-le-Grand**. — Leur correspondance politique et militaire, relative aux évènements de 1586 à 1594 ; enrichie de 6 fac-similés de l'écriture de Henri IV, roi de France, et de deux portraits, par Guyot de Saint-Michel, officier de cavalerie de l'armée de Condé. Paris, 1816, 1 vol. in-8°, rel. chag.

1193. **Roux**, Louis, curé de Vignory, député à la Convention nationale en 1792. — Son opinion sur le jugement de Louis Capet, roi de France. Paris, 1794, 1 vol. in-8°, rel. chag.

1194 et 1195. **Roy** (le comte), ministre des finances et député du département de la Seine. — Sa vie, ses travaux, sa biographie, par BLARD et PASCALLET. Paris, 1843 et 1844, 2 vol. in-8°, rel. chag.

1196. **Royer**. — Tarif minéralogique ou cubage du minerai de fer. Chaumont, 1835, 1 vol. in-12, rel. veau.

1197. **Rozet**, Jules, conseiller général de la Haute-Marne. — Note sur un projet de loi relatif à la modification de divers articles du code forestier. Paris, 1859, brochure in-8°.

1198. **Rozet**, Jules, conseiller général de la Haute-Marne. — Les mélanges industriels. Paris, 1875, 2 vol. in-8°, rel. veau.

1199. **Rupt**. — Mémoire pour les habitants de Rupt, contre MM. Boilletot et Perrin des Isles, au sujet d'un chemin. Dijon, 1828, 1 vol. in-4°, rel. chag.

1200. **Rupt**. — Mémoire pour François-Marie Boilletot, contre les habitants de Rupt et M. Perrin des Isles. Dijon, 1828, 1 vol. in-4°, rel. chag.

1201. **Rose**, évêque de Senlis. — De la République du Christ et des rois impies. Paris, 1590, 1 vol. couvert en parchemin.

1202. **Saints** (les). — Vie des saints du diocèse de Langres, avec une notice sur un grand nombre de personnages vénérables qui n'ont pas été canonisés par l'Eglise, par l'abbé CAILLET. Langres, 1873, 1 vol. in-8°, rel. veau.

1203. **Saints** (les). — Vie des Saints du département de la Haute-Marne (diocèse de Langres), par l'abbé Léon GODARD. Chaumont, 1855, 1 vol. in-12, rel. veau.

1204. **Saint-Blin**. — Règlement pour les congrégations de la Conception établies dans les diverses paroisses du canton de Saint-Blin. Langres, 1838, brochure in-16.

1205. **Saint-Dizier.** — Office de Saint-Martin de Tours, à l'usage de la paroisse de la Noue, faubourg de Saint-Dizier. Neufchâteau, 1767, brochure in-12.

1206. **Saint-Dizier.** — Règlement intérieur de l'école secondaire communale de Saint-Dizier. 1804, 1 vol. in-8°, rel. chag.

1207. **Saint-Dizier.** — Procès-verbal de la réception et de la fête locale de Saint-Dizier, à l'occasion du passage de l'impératrice, par VARNIER-COURNON, maire. 1805, 1 vol. in-8°, rel. chag.

1208. **Saint-Dizier.** — Procès-verbal de la pose de la première pierre pour la construction du dépôt de mendicité établi à Saint-Dizier. Du 3 mai 1810, 1 vol. in-8°, rel. chag.

1209. **Saint-Dizier.** — Lettres-patentes du roi qui autorisent tous les créanciers domiciliés à Saint-Dizier, qui ont été compris dans l'incendie de cette ville du 20 août 1775, à se faire délivrer une seconde grosse des contrats passés à leur profit. Paris, 1776, 1 vol. in-4°, rel. chag.

1210. **Saint-Dizier.** — Description historique et topographique de la route de Paris à Strasbourg, depuis Château-Thierry jusqu'à Châlons et Saint-Dizier, par DENIS, géographe à Paris. 1778, brochure in-8°.

1211. **Saint-Dizier.** — Arrêt de la Cour du Parlement prescrivant qu'une ordonnance rendue par les officiers de police de Saint-Dizier, à l'effet de prévenir les incendies, sera exécutée selon sa forme et teneur. Paris, 1785, 1 vol in-4°, rel. chag.

1212. **Saint-Dizier**. — Règlement du cercle de la ville de Saint-Dizier. 1829, 1 vol. in-8°, rel. chag.

1213 et 1214. **Saint-Dizier**. — Règlement du collège de Saint-Dizier, par l'abbé GUILLAUMET, supérieur de l'établissement. Bar-le-Duc, 1849, 1 vol. in-8°, rel. chag., et une brochure in-8°.

1215. **Saint-Dizier**. — Règlement de police municipale de Saint-Dizier. Bar-le-Duc, 1850, 1 vol. in-8°, cartonné.

1216. **Saint-Dizier**. — Rapport annuel sur le service médical et administratif de l'asile public d'aliénés de Saint-Dizier, par MÉRIER, directeur de l'établissement. Bar-le-Duc, 1851, 1 vol. in-8°, rel. chag.

1217. **Saint-Dizier**. — Etude historique sur les communes de Saint-Dizier et Ypres, du moyen âge, par J. CARLIER. Dunkerque, 1857, 1 vol. in-8°, rel. chag.

1218. **Saint-Dizier**. — Manuel de l'archiconfrérie réparatrice établie à Saint-Dizier. Paris, 1858, 1 vol. in-16, couvert en chagrin.

1219. **Pissot**. — Sa thèse pour la licence de la faculté de droit. Paris, 1862, 1 vol. in-8°, broché.

1220. **Saint-Dizier**. — Notice sur l'eau minérale naturelle ferrugineuse carbonatée de la fontaine Marina, à Saint-Dizier, par LEGRIP, pharmacien-chimiste. Saint-Dizier, 1860, 1 vol. in-8°, rel. chag.

1221. **Saint-Dizier**. — Exposition de l'industrie, de l'agriculture et de l'horticulture à Saint-Dizier. — Règlement général. 1860, 1 vol. in-4°, rel. chag.

1222. **Saint-Dizier**. — Le journal consacré au compte-rendu de l'exposition industrielle, agricole et horticole de Saint-Dizier. — Documents historiques sur cette ville. Saint-Dizier, 1860, 1 vol. in-4°, rel. chag.

1223. **Saint-Dizier.** — Le catalogue des objets et des produits exposés à Saint-Dizier. Bar-le-Duc, 1860, 1 vol. in-12, rel. chag.

1224. **Saint-Dizier.** — Compte-rendu de l'exposition industrielle, agricole et horticole de Saint-Dizier. — Le livre d'honneur des exposants de la Haute-Marne. Paris, 1860, 1 vol. in-8°, rel. chag.

1225. **Saint-Dizier.** — Compte moral, administratif et médical de M. Guérin de Grandlaunay, directeur de l'asile public d'aliénés de Saint-Dizier. 1861, 1 vol. in-4°, rel. chag.

1226 et 1227. **Saint-Dizier.** — Notice sur le grand orgue de Saint-Dizier, construit par Cavallié Coll, facteur d'orgues à Paris, par A. Bourdon. Bar-le-Duc, 1862 et 1863, 1 vol. in-8°, rel. chag., et une broch. in-12.

1228. **Saint-Dizier.** — Transaction entre M. Rozet et le département de la Haute-Marne, au sujet d'un chemin de servitude avec l'asile public d'aliénés de Saint-Dizier. Chaumont, 1864, 1 vol. in-8°, rel. chag.

1229. **Saint-Dizier.** — Compte-rendu du meeting métallurgique, par Emile Giros. — Introduction par Armand Ravelet. Saint-Dizier, 1870, 1 vol. in-8°, rel. chag.

1230. **Saint-Dizier.** — Compte-rendu des principales maladies qui ont été traitées en 1873, à l'institut hydrothérapique des aliénés de Saint-Dizier, par le directeur de cet établissement, A. Maigrot. Paris, 1873, 1 vol. in-8°, rel. chag.

1231. **Saint-Dizier.** — Les causeries géologiques à propos des eaux des fontaines, par L.-H. Gayot. Saint-Dizier, 1874, 1 vol. in-8°, rel. veau.

1232. **Jacquemard**. — Poésie. — Que pense Jacquemard? Dijon, brochure in-8°.

1233. **Simonnet**, conseiller à la Cour d'appel de Dijon. — Histoire et théorie de la saisine héréditaire dans les transmissions de biens par suite de décès. Dijon, 1852, 1 vol. in-8°, broché.

1234. **Simonnet**, conseiller à la Cour d'appel de Dijon. — La Jésusalem délivrée, traduite en vers, octave par octave, F. Dessertaux, libraire. Dijon, 1856, brochure in-8°.

1235 et 1236. **Saint-Dizier**. — Le petit indicateur commercial de la ville de Saint-Dizier. Saint-Dizier, 1876 et 1877, 2 vol. in-16, rel. chag.

1237. **Saint-Thiébault** et **Illoud**. — Mémoire pour les dites communes, contre le comte de Rutang, au sujet des droits d'usage dans les bois. Dijon, 1845, 1 vol. in-4°, rel. chag.

1238. **Saint-Urbain**. — Vente du mobilier de l'abbaye de Saint-Urbain en 1791, par Perrin des Isles, notaire à Joinville. 1791, 1 vol. in-8°, manuscrit, rel. chag.

1239. **Saucourt**. — Règlement et caisse des œuvres de charité de la paroisse de Saucourt. Chaumont, 1851, 1 vol. in-8°, rel. chag.

1240. **Sanrey**, Agnus-Bénigne, docteur en théologie. — Paracletus seu de recta illius nominis pronunciatione tractatus. Paris, 1643, 1 vol. in-12, couvert en parchemin.

1241. **Collet**, médecin. — Des considérations et des effets de la dyssenterie. Paris, 1802, brochure in-8°.

1242. **Navel**, notaire à Chaumont. — Arrêt du Parlement portant réparation d'injure de faussaire à lui faite par Delanne, huissier. 1660, brochure in-8°.

1243. **Senault**, supérieur de l'oratoire de Langres. — Paraphrases sur Job, prince chrétien. — Sa vie, ses œuvres, sa mort. Paris, 1644, 1 vol. in-12, couvert en parchemin.

1244. **Senault**, supérieur de l'oratoire de Langres. — De l'usage des effets des passions. Paris, 1665, 1 vol. in-12, couvert en veau.

1245. **Vie** (de la). — Lettres à un jeune homme sur la direction de la vie dans les temps actuels. Dijon, 1872, 1 vol. in-12, rel. veau.

1246, 1247 et 1248. **Société d'agriculture** du département de la Haute-Marne. — Mémoire et bulletins de la société d'agriculture, sciences, arts et commerce de la Haute-Marne. Chaumont, 1802 à 1845, 5 vol. in-8°, rel. veau.

1248 *bis*. **Saint-Dizier**. — Histoire du fameux siège de la ville de Saint-Dizier. — Poème héroïque, 32 feuillets manuscrits in-8°.

1249. **Société d'agronomes**. — Le bulletin des comices agricoles du département de la Haute-Marne. Chaumont, 1857 à 1861, 5 vol. in-8°, rel. veau.

1250. **Société d'agriculture**. — Le bulletin de la société industrielle, agricole et horticole de la Haute-Marne. Chaumont, 1865, 1 vol. in-8°, rel. veau.

1251. **Sommevoire.** — Mémoire pour de Choiseul-Beaupré, évêque de Châlons, pair de France, abbé de Montier-en-Der, contre le curé de Sommevoire, au sujet des dixmes. Paris, 1749, 1 vol. in-folio, rel. chag.

1252. **Saint-Dizier**. — Notice sur le siège de la ville de Saint-Dizier, par l'abbé FOUROT. Bar-le-Duc, 1876, 1 vol. in-8°, rel. chag.

1253. **Saint-Dizier**. — L'œuvre des cercles catholiques. — Relation de la visite de M. le comte de Mun, à Saint-Dizier. 1876, 1 vol. in-12, rel. chag.

1254. **Petitjean**. — Sa thèse pour la licence de la faculté de droit. Paris, 1861, brochure in-8°.

1255. **Simonnet**, conseiller à la Cour d'appel de Dijon. — Coup d'œil sur l'histoire de la classe agricole en France. Paris, 1857, brochure in-8°.

1256 et 1257. **Simonnet**, conseiller à la Cour d'appel de Dijon. — Bibliographie des Parlements de France. — Essai historique sur leurs usages et leur organisation, par le vicomte de BASTARD-D'ESTANG. Paris, 1858, 2 brochures in-8°.

1258. **Simonnet**, conseiller à la Cour d'appel de Dijon. — De l'utilité d'une histoire raisonnée et d'une philosophie du droit pénal. Paris, 1860, brochure in-8°.

1259. **Lorain**. — Sa thèse pour la licence de la faculté de droit. Paris, 1853, brochure in-8°.

1260. **Simonnet**, conseiller à la Cour d'appel de Dijon. — Essai de la symbolique du droit, de l'usage de pendre la crémaillère. Mâcon, 1861, brochure in-8°.

1261. **Simonnet**, conseiller à la Cour d'appel de Dijon. — Bulletin du bouquiniste n° 159 de 1863. — Les oies et le chevreuil, pièce inédite de Gabriel PEIGNOT. Paris, 1863, brochure in-8°.

1262. **Simonnet**, conseiller à la Cour d'appel de Dijon. — La philosophie stoïcienne et les jurisconsultes romains. Dijon, 1863, brochure in-8°.

1263. **Simonnet**, conseiller à la Cour d'appel de Dijon. — Le bulletin du bouquiniste n° 166, à l'occasion de l'ambassade des bartavelles. Paris, 1863, brochure in-8°.

1264. **Simonnet**, conseiller à la Cour d'appel de Dijon. — Sa lettre à Auguste Aubry, dans la bulletin du bouquiniste n° 181, à l'occasion d'une lettre inédite de Gabriel Peignot. Paris, 1864, brochure in-8°.

1265. **Simonnet**, conseiller à la Cour d'appel de Dijon. — La vie et les ouvrages du président Fauchet. Paris, 1864, 1 vol. in-8°, broché.

1266. **Simonnet**, conseiller à la Cour d'appel de Dijon. — Compte-rendu de la vie et des travaux de l'abbé de Rancé, trappiste, et sa réforme. Dijon, 1866, brochure in-12.

1267. **Simonnet**, conseiller à la Cour d'appel de Dijon. — Discours à l'audience solennelle de rentrée du 3 novembre 1866. — Les avocats au Parlement de Bourgogne (1554-1654). Dijon, 1866, brochure in-8°.

1268. **Simonnet**, conseiller à la Cour d'appel de Dijon. — Fantaisie bibliographique. — Extrait du bulletin du bouquiniste du 15 août 1866. Paris, 1866, brochure in-8°.

1269. **Simonnet**, conseiller à la Cour d'appel de Dijon. — Documents inédits pour servir à l'histoire des institutions et de la vie privée en Bourgogne. — Extraits du protocole des notaires des XIVe et XVe siècles, réunis et commentés par Simonnet. Dijon, 1867, 1 vol. in-8°, broché.

1270. **Simonnet**, conseiller à la Cour d'appel de Dijon. — Essai et carte archéologique des voies romaines dans le département de la Côte-d'Or. Dijon, 1868, 1 vol. in-4°, broché.

1271. **Simonnet**, conseiller à la Cour d'appel de Dijon. — Notice sur la vie et les travaux de Félix Lebon. Chaumont, 1868, brochure in-8°.

1272. **Simonnet**, conseiller à la Cour d'appel de Dijon. — Notice sur la vie et les exploits de Hugues Aubriot, bailly de Dijon sous Philippe-le-Hardi et prévost de Paris sous Charles V. Dijon, 1868, 1 vol. in-8°, broché.

1273. **Simonnet**, conseiller à la Cour d'appel de Dijon. — Rapport sur le prix académique annuel. Dijon, 1869, brochure in-8°.

1274. **Simonnet**, conseiller à la Cour d'appel de Dijon. — La vie du R. P. Lacordaire, prédicateur dominicain, par FOISSET, conseiller à la Cour de Dijon. Dijon, 1870, brochure in-8°.

1275. **Simonnet**, conseiller à la Cour d'appel de Dijon. — Etude sur le droit ancien en Bourgogne, d'après les protocoles des notaires des XIVe et XVe siècles. Paris, 1869, 1 vol. in-8°, broché.

1276. **Simonnet**, conseiller à la Cour d'appel de Dijon. — Treize chartes inédites de Jean, sire de Joinville, publiées et annotées par SIMONNET. Dijon, 1874, 1 vol. in-8°, broché.

1277. **Simonnet**, conseiller à la Cour d'appel de Dijon. — Réception du docteur L. Marchant. — Séance du 4 mars 1874, sous la présidence de M. Simonnet. — Eloge de M. Brullé de l'Académie française. Dijon, 1874, brochure in-8°.

1278. **Simonnet**, conseiller à la Cour d'appel de Dijon. — Réception de M. Paul Foisset. — Séance du 3 juin 1874, sous la présidence de M. Simonnet. — Le rôle de l'archéologie au XIXe siècle. Dijon, 1874, brochure in-8°.

1279. **Simonnet**, conseiller à la Cour d'appel de Dijon. — Réception de M. Ph. Milsand.— Séance du 4 mars 1874, sous la présidence de M. Simonnet. Dijon, 1874, brochure in-8°.

1280. **Simonnet**, conseiller à la Cour d'appel de Dijon. — Réception de M. Paul Bernard. — Séance du 24 mai 1876. Dijon, 1876, 1 vol. in-8°, rel. chag.

1281. **Simony** (de). — La vie et la mort de Mme Marie Claire de Simony, dominicaine de Langres, décédée en 1731, édition d'après le manuscrit de la Révérende mère Le Roi, par le P. PHILPIN DE RIVIÈRES de l'oratoire de Londres. Paris, 1867, 1 vol. in-12, rel. chag.

1282. **Sommevoire**. — Notice historique sur l'église Notre-Dame de Sommevoire, par PINARD, greffier à Vassy et membre de la société archéologique de Tours. Corbeil, 1 vol. in-8°, rel. chag.

1283 et 1284. **Sommevoire**. — Valentine de Guichaumont. — Episode du temps de la ligue, avec notice historique et archéologique sur le bourg de Sommevoire et ses environs, par Ernest RIGNIER. Paris et Metz, 1847 et 1859, 2 vol. in-8°, rel. chag.

1285. **Soret**, professeur d'histoire au Lycée de Chaumont.— Notes d'un volontaire du 50° régiment de ligne, pendant la guerre 1870-1871. Chaumont, 1872, 1 vol. in-12, rel. chag.

1286. **Stéenackers**. — Les défenseurs de la République.— Biographies illustrées par Jules Rouquette. Paris, 1871, 1 vol. in-8°, rel. chag.

1287. **Stéenackers**. — Pourquoi M. Stéenackers a tort de compter sur Cadichon. Joinville, 1869, 1 vol. in-12, rel. chag.

1288. **Stéenackers.** — Le paysan, l'impôt et le suffrage universel. — Réflexions et entretiens d'un arrière-neveu de l'Homme aux quarante écus. Chaumont, 1869, 1 vol. in-12, rel. veau.

1289. **Thilleux.** — Mémoire au sujet de l'insuffisance des bancs dans l'église de Thilleux. 1756, 1 vol. in-8°, manuscrit, rel. chag.

1290. **Thilleux.** — Mémoire pour messire François-Marie de Porte, seigneur de Bréban, contre Claude Riel et les habitants de Thilleux, au sujet de la propriété d'un canton de bois. Paris, 1774, 1 vol. in-4°, rel. chag.

1291. **Tombeck,** professeur de mathématiques. — L'arithmétique des commerçants, par demandes et par réponses. Paris, 1872, 1 vol. in-12, cartonné.

1292. **Tombeck,** professeur de mathématiques — Eléments d'arithmétique à l'usage des écoles primaires et des classes de quatrième dans les Lycées. Paris, 1873 1 vol. in-12, cartonné.

1293. **Tombeck,** professeur de mathématiques.— Note sur les puits naturels du terrain portlandien dans la Haute-Marne. Paris, 1875, brochure in-8°.

1294. **Tombeck,** professeur de mathématiques.— Note sur les terrains coralliens dans la Haute-Marne. Paris, 1877, brochure in-8°.

1295. **Tassel.** — Notice historique sur Richard Tassel, peintre langrois.— Sa vie, ses travaux, son éloge, par Varney, professeur à l'école centrale du département de la Haute-Marne. 1803, 1 vol. in-12, rel. chag.

1296. **Thiberge** (l'abbé). — Louisa, ou les douleurs d'une fille de joie. Paris, 1830, 2 vol. in-16, rel. veau.

1297. **Toupot de Béveaux**, député de la Haute-Marne. — Son opinion sur le projet de loi des finances pour 1823. Paris, 1823, 1 vol. in-8°, rel. chag.

1298. **Trémilly**. — Lettre adressée à l'auteur du journal de Bouillon, par l'abbé CORMONT, curé de Trémilly, au sujet du crime d'accouchement, sans douleur, de trois enfants, commis par un inconnu, sur une femme de Trémilly. Troyes, 1779, 1 vol. in-8°, rel. chag.

1299. **Thivet**. — Neuvaine à sainte Philomène, établie à Thivet, sous le patronage du curé d'Ars. Langres, 1873, 1 vol. in-16, rel. chag.

1300. **Guignard**. — Sa thèse pour la licence de la faculté de droit. Paris, 1865, brochure in-8°.

1301. **Vacherot**, Etienne, membre de l'Institut. — L'histoire critique de l'école d'Alexandrie. Paris, 1846, 3 vol. in-8°, rel. veau.

1302. **Vacherot**, Etienne, membre de l'Institut. — Démonstration et définition de la démocratie. Paris, 1860, 1 vol. in-12, rel. veau.

1303. **Vacherot**, Etienne, membre de l'Institut. — Les principes de la métaphysique positive et la science. Paris, 1863, 3 vol. in-12, rel. veau.

1304. **Vacherot**, Etienne, membre de l'Institut. — Essai sur la philosophie critique et les sciences. Paris, 1864, 1 vol. in-8°, rel. veau.

1305. **Vacherot**, Etienne, membre de l'Institut. — Méthode et définition de la religion. Paris, 1869, 1 vol. in-8°, rel. veau.

1306. **Valley**, archidiacre de Langres. — Dissertation historique et chronologique sur la vie de Valley ou Vallère, le lieu et le temps de sa mort, et sur la mort d'Ursule Dionore, fille du roi de Cornuaille, et de ses onze mille compagnes. Dijon, 1803, 1 vol. in-8°, rel. chag.

1307. **Van de Keere**. — Son rapport à la société d'agriculture de l'arrondissement de Vassy. 1873, brochure in-8°.

1308. **Vente des biens nationaux**. — Vente des effets mobiliers du couvent de Sainte-Anne au village de Vecqueville, par M. PERRIN DES ISLES, notaire à Joinville, le 11 juin 1791. 1 vol. in-8°, manuscrit.

1309. **Varin**. — Essai tendant à prévenir les disettes en France. — Premier moyen et le plus important. Saint-Dizier, 1851, 1 vol. in-8°, rel. veau.

1310. **Vassy**. — Relation du massacre de Vassy. — Discours entier de la persécution et cruauté exercées en cette ville, par le duc de Guise, le 1er mars 1562. Genève, 1564, 1 vol. in-16, rel. chag.

1311. **Vassy**. — Discours fait au Parlement de Paris, par le duc de Guise et le connétable de Montmorency sur la déclaration du 11 avril 1562, sur le tumulte de Vassy et sur ce qui est arrivé depuis 1562. 1 vol. in-8°, rel. chag.

1312. **Vassy**. — Discours au vrai et en abrégé de ce qui est arrivé dernièrement à Vassy, y passant le duc de Guise. Paris, 1562, 1 vol. in-8°, rel. chag.

1313. **Vassy**. — Destruction du saccagement exercé cruellement par le duc de Guise et sa cohorte, en la ville de Vassy, le 1er mars 1562. Caen, 1562, 1 vol. in-8°, rel. chag.

1314. **Vassy.** — Suppression des maîtrises particulières des eaux et forêts de Vassy. Paris, 1669, 1 vol. in-8°, rel. chag.

1315. **Vassy.** — Mémoire pour les habitants, corps et communauté de la ville de Vassy, contre Jacques Prévot, ci-devant fermier général des fermes unies de France, au sujet des droits sur les vins. Paris, 1775, 1 vol. in-8°, rel. chag.

1316. **Vassy.** — Discours prononcé dans le temple de la Raison, le jour de la fête qui en a été célébrée à Vassy, le 10 pluviôse an II, par DEMONGEOT, membre de la société populaire, suivi d'une hymne patriotique du même auteur. Saint-Dizier, 1794, 1 vol. in-8°, rel. chag.

1317. **Vassy.** — Règlement intérieur de l'école secondaire communale de Vassy. 1804, 1 vol. in-12, rel. chag.

1318. **Vassy.** — Notice historique sur la ville de Vassy, par F.-A. PERNOT, artiste peintre. 1832 à ...., 1 vol. in-8°, manuscrit, rel. chag.

1319. **Vassy.** — Histoire du massacre de Vassy. Copie d'un manuscrit, faite par Jules BAROTTE en 1875, liasse de feuilles volantes in-4°.

1320. **Vassy.** — Notice historique sur la ville de Vassy. Copie faite par Jules BAROTTE en 1875, liasse de feuilles volantes in-8°.

1321. **Vassy.** — Les flûtous de Vassy. Copie manuscrite in-4°.

1322 **Vassy** et l'abbaye de Montier-en-Der. — Notice historique sur ces deux localités, par F.-A. PERNOT, artiste peintre, cahier in-4°, manuscrit.

1323. **Vassy**. — Jehanne Thiélemant ou le massacre de Vassy en 1562, par Victor Boreau, auteur de la conjuration d'Amboise. Paris 1836, 1 vol. in-8°, rel. chag.

1324. **Vassy**. — Règlement de police municipale de Vassy. 1837, 1 vol. in-8°, rel. chag.

1325. **Vassy**. — Statut et règlement de la Caisse d'épargne et de prévoyance de l'arrondissement de Vassy. 1837, brochure in-8°.

1326. **Vassy**. — Traditions orales du XVI° siècle. — Recherches sur le massacre de Vassy, par Victor Boreau, membre de l'Institut historique. 1 vol. in-8°, rel. chag.

1327. **Vassy**. — Le massacre de Vassy, d'après un manuscrit tiré d'un couvent dudit Vassy, par Horace Gourjon, ministre de l'Evangile. Paris, 1843, 1 vol. in-8°, rel. chag.

1328. **Vassy**. — Nouvelles calomnies du protestantisme réfutées par les écrivains protestants, etc., en réponse à Horace Gourjon, ministre de l'Evangile, sur le massacre de Vassy, la Saint-Barthélemy et l'Inquisition, par l'abbé Drioux, professeur au séminaire de Langres. 1843, 1 vol. in-8°, rel. chag.

1329. **Vassy**. — Le massacre de Vassy, d'après un manuscrit tiré d'un couvent de Vassy, par Horace Gourjon, ministre de l'Evangile. Paris, 1844, 1 vol. in-8°, rel. chag.

1330. **Vassy**. — Notice historiqne sur la ville de Vassy, par Pinard, greffier du tribunal de Vassy. 1844, 1 vol. in-8°, rel. chag.

1331. **Vassy.** — Précis sur l'histoire de la ville de Vassy et de son arrondissement, par PINARD, greffier du tribunal. 1849, 1 vol. in-8°, rel. chag.

1332. **Vassy.** — Notice sur l'ouvroir de Vassy et bénédiction de la 1re pierre de la chapelle. Vassy, 1857, 1 vol. in-8°, rel. chag.

1333. **Vassy.** — La Saint-Yves ou Thémis, par quelqu'un de sa maison, avoué de profession et versificateur d'occasion. — Mémoires lus devant la Faculté de droit, par HAVRET. Vassy, 1858, 1 vol. in-8°, rel. chag.

1334. **Vassy.** — Règlement du cercle littéraire de la ville de Vassy. 1862, 1 vol. in-8°, rel. chag.

1335. **Vassy.** — Notice sur l'église Notre-Dame de Vassy, par Jules SIMONNET, conseiller à la Cour d'appel de Dijon, membre de plusieurs Sociétés savantes. Paris, 1864, 1 vol. in-4°, rel. chag.

1336. **Vassy.** — L'orthographe du nom de cette ville. Brochure in-8°.

1337. **Vassy.** — Pièce de vers sur les droits de bois mort, de pacage et de parcours, par ROSE DOLLET, professeur. Vassy, brochure in-8°.

1338. **Valdruche de Mont-Remy**, Joseph-Arnoud, député de la Haute-Marne. — Unité de la nation dans l'assemblée des Etats-Généraux, ou réunion des trois ordres. — Lettre aux avocats du Parlement de Paris. 1788, 1 vol. in-8°, rel. chag.

1339. **Vaux-sur-Blaise** — Pièce de vers, aux dames de Vassy, au sujet de la loterie de bienfaisance de la commune de Vaux-sur-Blaise, par LAMAILLE. Vassy, 1855, brochure in-8°.

1340 **Véron**, François, docteur en théologie. — Regula fidei sive secretio eorum, etc. Paris, 1786, 1 vol. in-12, cartonné.

1341. **Véron**, François, docteur en théologie. — Des indulgences, pardons et jubilés de l'Eglise catholique contre les bouffonnerie, menteries et faibles raisons de Drelincourt, ministre de Charenton. 1 vol. in-12, rel. chag.

1342. **Véron**, François, docteur en théologie. — La nouveauté de la religion prétendue réformée, qu'elle n'est pas la vraie église, ou la différence de la religion des Albigeois et Vaudois avec la prétendue réformée. 1 vol in-12, rel. chag.

1343. **Véron**, François, docteur en théologie. — Des nouveaux lutins et esprits familiers de Charenton, induisant à l'athéisme, des converts et des conjurés sur la religion prétendue réformée. Paris, 1 vol. in-12, rel. chag.

1344. **Véron**, François, docteur en théologie. — Traité de la vraie Eglise et des afflictions des hérétiques, qui est la réponse au prétendu triomphe de l'église des ministres sous la croix de Drelincourt, ministre de Charenton. 1 vol. in-12, rel. chag.

1345. **Véron**, François, docteur en théologie. — De l'Eglise et des marques d'icelle. — Où est la vraie Eglise? Brochure in-12.

1346. **Véron**, François, docteur en théologie. — Vieux choux recuits servis par du Moulin à ceux de Charenton. Brochure in-12.

1347. **Véron**, François, docteur en théologie. — Réponses aux livres et écrits des quatre ministres de Charenton. Paris, 1633, 1 vol. in-12, broché.

1348. **Véron,** François, docteur en théologie. — Abrégé des méthodes de traiter des controverses de la Religion. Paris, 1636, 1 vol. in-32, couvert en parchemin.

1349. **Véron,** François, docteur en théologie. — La discipline des églises prétendues réformées en France. Paris, 1643, 1 vol. in-12, couvert en parchemin.

1350. **Véron**, François, docteur en théologie. — Les professions de la foi catholique et de la religion prétendue réformée, opposées l'une à l'autre. Paris, 1648, 1 vol. in-32, couvert en parchemin.

1351. **Véron,** François, docteur en théologie. — Règle générale de la foi catholique. Lyon, 1674, 1 vol. in-16, couvert en parchemin.

1352. **Vernot**, instituteur à Hortes. — Pensées sur l'instruction primaire en France. Langres, 1843, 1 vol. in-8°, rel. veau.

1353. **Viard** (l'abbé). — Les gloires et les souffrances de Marie. Paris, 1850, 1 vol. in-12, broché.
(Tome II, le Ier manque.)

1354. **Vicq**. — Histoire de Vicq, par l'abbé BRIFFAUT. Chaumont, 1855, 1 vol. in-8°, rel. chag.

1355. **Villard** (Henri), avocat à Langres. — La vie, les travaux et la correspondance du P. Lacordaire, dominicain, avec un portrait inédit. Chaumont, 1870, 1 vol. in-8°, rel. veau.

1356. **Villard**, Henri, avocat à Langres. — Doute et foi. Toulouse, 1866, brochure in-8°.

1357. **Villard**, Henri, avocat à Langres. — Le renouveau et amour trahi. Toulouse, 1868, brochure in-8°.

1358. **Villard**, Henri, avocat à Langres. — A mon fils, à l'occasion de sa première communion. Chaumont, 1866, brochure in-8°.

1359. **Villard**, Henri, avocat à Langres. — L'homme, ode présentée au concours. Toulouse, 1864, brochure in-8°.

1360. **Villegusien**. — Monographie de la colonie agricole des jeunes filles à Villegusien. Langres, 1876 1 vol. in-12, rel. chag.

1361. **Vicinalité**. — Unification des services de la voirie départementale et communale. — Rapport de M. Viscomti, agent-voyer en chef du département de la Haute-Marne. Chaumont, 1873, 1 vol. in-8°, rel. veau.

1362. **Vicinalité**. — Du Service de la vicinalité départementale et communale, par Danelle-Bernardin, député de la Haute-Marne, conseiller général, maire de Louvemont. Vassy, 1862, 1 vol. in-8°, rel. veau.

1363. **Vidot**. — Poésie sur la campagne d'Italie. Joinville, 1 vol. in-12, rel. veau.

1364. **Vignory**. — Notes historiques et religieuses sur Vignory, par l'abbé Maupris, curé de Chevillon. Sainte-Menehould, 1869, 1 vol. in-8°, rel. chag.

1365. **Vignory**. — Notice historique sur le château, le prieuré et l'église de Vignory, par Charles Grouet, rédacteur à Sens. Paris, 1856, 1 vol. in-12, rel. chag.

1366. **Virey**, membre de plusieurs sociétés savantes. — L'art de perfectionner l'homme, ou de la médecine spirituelle et morale. Paris, 1808, 2 vol. in-8°, rel. veau.

1367. **Virey**, membre de plusieurs sociétés savantes. — Précis historique sur la vie et la mort de Joseph-Louis Lagrange, sénateur. Paris, 1813, 1 vol. in-8°, rel. veau.

1368. **Virey**, membre de plusieurs Sociétés savantes. — De l'influence des femmes sur le goût dans la littérature et les Beaux-Arts, pendant les XVIIe et XVIIIe siècles. Paris, 1810, 1 vol. in-8°, rel. veau.

1369. **Virey**, membre de plusieurs sociétés savantes. — Histoire des mœurs et de l'instinct des animaux avec les distributions méthodiques et naturelles. Paris, 1822, 2 vol. in-8°, rel. veau.

1370. **Virey**, membre de plusieurs sociétés savantes. — De la Puissance vitale considérée dans ses fonctions physiologiques chez l'homme et tous les êtres organisés. Paris, 1823, 1 vol. in-8°, rel. veau.

1371. **Virey**, membre de plusieurs sociétés savantes. — Histoire naturelle du genre humain, avec figures. Paris, 1824, 3 vol. in-8°, rel. veau.

1372. **Virey**, membre de plusieurs sociétés savantes. — De la femme sous ses rapports physiologique, moral et littéraire. Paris, 1825, 1 vol. in-8°, rel. veau.

1373. **Virey**, membre de plusieurs sociétés savantes. — Considérations sur la diversité d'action des poisons, suivant la diversité des organismes. 1831, 1 vol. in-8°, rel. veau.

1374. **Virey**, membre de plusieurs sociétés savantes. — L'hygiène philosophique, appliquée à la politique et à la morale. Paris, 1831, 2 vol. in-8°, rel. veau.

1375. **Virey**, membre de plusieurs sociétés savantes. — Rapport sur le projet de loi relatif aux dépenses du choléra-morbus et des épidémies. Paris, 1833, 1 vol. in-8°, rel. chag.

1376. **Virey**, membre de plusieurs sociétés savantes. — Organisation des animaux et des végétaux. — Philosophie de l'histoire naturelle ou des phénomènes de cette organisation. Paris, 1835, 1 vol. in-8°, rel. veau.

1377. **Virey**, membre de plusieurs sociétés savantes. — Traité complet, théorique et pratique de la pharmacie. Paris, 1840, 2 vol. in-8°, rel. veau.

1378. **Virey**, membre de plusieurs sociétés savantes. — Sa notice historique, sa vie, ses travaux, par L. Boivin. Paris, 1 vol. in-8°, rel. chag.

1379. **Virey**, membre de plusieurs sociétés savantes. — De la physiologie dans ses rapports avec la philosophie. Paris, 1844, 1 vol. in-8°, rel. veau.

1379 *bis*. — **Ville gauloise**. — La montagne du Châtelet, ancienne ville gauloise, entre Saint-Dizier et Joinville. — Atlas des arts et métiers des anciens représentés par les monuments, ou recherches archéologiques servant à l'explication d'un grand nombre d'antiquités, avec 130 planches recueillies dans les ruines de ladite ville gauloise et romaine, par Grivaud de la Vincelle, membre de plusieurs sociétés savantes. Paris, 1819, 1 vol. in-folio, rel. veau.

1380. **Virey**, membre de plusieurs sociétés savantes. — De la vigueur dans l'espèce humaine. Paris, brochure in-8°.

1381. **Virey**, membre de plusieurs sociétés savantes. — De la colonne vertébrale du genre humain, de ses organes, ses usages, fonctions et maladies. Paris, brochure in-8°.

1382. **Vitrey,** médecin à Bourbonne. — De la vie, des passions et de la mort du genre humain, avec des conseils pour prolonger ses jours. Bourbonne, 1874, 1 vol. in-8°, rel. veau.

(Tomes I et II réunis dans le même volume.)

1383. **Vitrey,** maître de pension à Bourbonne. — Thèmes français doublement utilisés par l'application simultanée des principes d'orthographe usuelle et de toutes les règles de la grammaire. Paris, 1850 1 vol. in-12, broché.

1384. **Voies romaines.** — Notice sur les voies romaines, les camps romains et les mardelles de la Haute-Marne, par Pistollet de Saint-Ferjeux. Paris, 1860, 1 vol. in-4°, rel. veau.

1385. **Voillard,** Emile, bibliothécaire. — Mes amours, poésie. Chaumont, 1863, brochure in-8°.

1386. **Voillard,** Emile, bibliothécaire. — Saint-Menge, souvenirs des Vosges, poésie. Chaumont, 1863, brochure in-8°.

1387. **Vouriot,** vicaire général du diocèse de Langres — Manuel des conseils de fabrique des églises, comptabilité, organisation et administration. Paris. 1852, 1 vol. in-4°, rel. veau.

1388. **Vouriot,** vicaire général du diocèse de Langres. — De la propriété et de l'administration des biens ecclésiastiques en France et en Belgique. Langres, 1872, 1 vol. in-8°, rel. veau.

1389. **Voillecomte.** — Décret de la convention nationale, portant que cette commune s'appellera Voille-sur-Eronne. Chaumont, 1793, 1 vol. in-8°, rel. chag.

1390. **Voyageur en France**. — Le conducteur français, les routes desservies par les voitures publiques. — Détails historiques et topographiques de la route du carosse de Paris à Langres, par DENIS, géographe. Paris, 1778, 1 vol. in-8°, rel. veau.

1391. **Voyage** (le) dans les départements de la France, enrichi de tableaux géographiques et d'estampes, par J. LAVALLÉE, ancien capitaine d'infanterie. Paris, 1793, 1 vol. in-8°, rel. veau.

1392. **Voyageur** (le). — Guide pittoresque du vogageur dans les départements français. — Route de Paris à Bâle, traversant le département de la Haute-Marne. Paris, 1 vol. in-8°, rel. veau.

1393. **Agents-Voyers** (les). — Règlement sur l'organisation et le service des agents-voyers dans la Haute-Marne. Chaumont, 1851, brochure in-12.

1394. **Walferdin**, géologue à Paris. — Notice sur ses travaux scientifiques. Paris, 1852, 1 vol. in-4°, rel. chag.

1395. **Walferdin**, géologue à Paris. — Physique du globe. — Observations entreprises dans le but de prévoir si l'eau s'élèvera au-dessus de la surface du sol dans le puits foré de l'abattoir de Grenelle. Paris, 1839, 1 feuillet in-4°.

1396. **Walferdin**, géologue à Paris. — Recherches sur la température et le gisement des sources des rivières de la Marne, de la Meuse et de la Seine. Paris, 1840, une feuille in-4°.

1397. **Walferdin**, géologue à Paris. — La température du puits foré de l'abattoir de Grenelle, à 505 mètres de profondeur. Paris, 1840, un feuillet in-4°.

1398. **Walferdin**, géologue à Paris. — Le nouvel hydrobaromètre pour mesurer les plus grandes profondeurs de la mer et leur température. Paris, 1851, brochure in-4° de 4 feuillets.

1399. **Walferdin**, géologue à Paris. — Recherches sur la température de la terre à de grandes profondeurs. — Observations sur la source artésienne de l'établissement thermal de Mondorf, dans le grand duché de Luxembourg. Paris, brochure in-4°, de 3 feuillets.

1400. **Walferdin**, géologue à Paris. — Des modifications au thermomètre horizontal à minimum et à déversement de Rutherford. Paris, 1855, brochure in-4°, de 4 feuillets.

1401. **Walferdin**, géologue à Paris. — Des échelles thermométriques en usage. — Abaissement du zéro de l'échelle centigrade à 40°. Paris, 1855, brochure in-4°.

1402. **Walferdin**, géologue à Paris. — De la possibilité de rencontrer plusieurs nappes d'eau jaillissante, sous la craie, à différentes profondeurs dans le bassin de Paris. Paris, 1857, 2 feuillets in-4°.

1403. **Walferdin**, géologue à Paris. — Nouvelles recherches sur la température de la terre à de grandes profondeurs. Paris, 1857, brochure in-4° de quatre feuillets.

1404. **Walferdin**, géologue à Paris. — Nouveau thermomètre métastatique à maximum. Paris, 1858, brochure in-4° de 4 feuillets.

1405. **Wandelaincourt**, Antoine-Hubert, évêque constitutionnel, député de la Haute-Marne. — Cours d'éducation à l'usage des demoiselles et des jeunes garçons qui ne veulent pas apprendre le latin. Paris, 1782, 1 vol. in-12, rel. veau.

1406. **Wandelaincourt**, Antoine-Hubert, évêque constitutionnel, député de la Haute-Marne. — Son opinion sur le jugement de Louis Capet, roi de France. Paris, 1794, 1 vol. in-12, rel. chag.

1407. **Wandelaincourt**, Antoine-Hubert, évêque constitutionnel, député de la Haute-Marne. — Observations pour la restauration des finances. Paris, 1795, 1 vol. in-8°, rel. chag.

1408. **Wandelaincourt**, Antoine-Hubert, évêque constitutionnel, député de la Haute-Marne. — Instruction pastorale pour le diocèse de Langres. Chaumont, 1792, 1 vol. in-8°, rel. veau.

1409. **Wandelaincourt**, Antoine-Hubert, évêque constitutionnel, député de la Haute-Marne. — Réflexions philosophiques sur les systèmes des athées, des anti-chrétiens, des anti-prêtres et sur celui de La Réveillère-Lépaux, concernant la religion et le culte catholique. Paris, 1797, 1 vol. in-8°, rel. veau.

1410. **Wandelaincourt**, Antoine-Hubert, évêque constitutionnel, député de la Haute-Marne. — Les éléments d'arithmétique pour les écoles du premier âge. Paris, 1801, 1 vol. in-12, rel. veau.

1411. **Wandelaincourt**, Antoine-Hubert, évêque constitutionnel, député de la Haute-Marne. — Plan d'éducation publique. Paris, 1793, 1 vol. in-12, rel. veau.

1412. **Ymbert**, avocat. — Le programme radical. Langres, 1876, 1 vol. in-8°, rel. veau.

1412 *bis*. **Ymbert**, avocat. — La guerre et le suffrage universel. Langres, 1871, 1 vol. in-8°, rel. veau.

1413. **Zamet**, Sébastien, conseiller du roi, évêque de Langres, pair de France. — Sa vie, ses travaux, avec un abrégé de la vie de Madame de Courcelle de Pourlan, abbesse titulaire de l'abbaye de Tart. Lyon, 1689, 1 vol. in-8°, rel. chag.

1414. **Zamet,** Sébastien, conseiller du roi, évêque de Langres, pair de France. — Ses lettres spirituelles, précédées d'une introduction et suivies d'avis, par J. CARNANDET. Chaumont, 1858, 1 vol. in-12, rel. chag.

1415. **Ziégler,** Claude-Jules. — Etudes céramiques. — Recherches des principes du beau, dans l'architecture, l'art céramique et la forme en général, et théorie de la coloration des reliefs. Paris, 1850, 1 vol. in-8°, rel. veau.

1416. **Senault** (l'abbé). — L'homme criminel ou la corruption de la nature par le péché. Paris, 1644, 2 vol. in-8°, couverts en veau.

1417. **Saint-Dizier**. — Séance d'improvisation donnée au collège de Saint-Dizier. Vitry-le-François, 1876, brochure in-12.

1418. **Chaumont**. — Notice historique sur le sépulcre de Chaumont. 2 feuillets in-4°.
(Extrait du *Magasin pittoresque*, 1842.)

1419. **Beugnot** (le comte), ministre d'Etat, député de la Haute-Marne. — Sa réplique à la commission des finances, concernant l'aliénation des bois. Paris, 1817, brochure in-8°.

1420. **Beugnot** (le comte), ministre d'Etat, député de la Haute-Marne. — Réflexions sur les doctrines antisociales et leurs conséquences. Paris, 1849, brochure in-8°.

1421. **Salzard,** garde-mines. — Notes sur les minières et les minerais de fer de la Haute-Marne. Saint-Dizier, 1878, 1 vol. in-8°, broché.

1422. **Médecine**. — De l'association médicale de la Haute-Marne.— Statuts et règlements, séances annuelles, tarif des honoraires, listes des médecins, des sages-femmes, des pharmaciens, etc...; réunions des vétérinaires, séances annuelles du cercle pharmaceutique. 1803 à 1872, liasse de 10 brochures in-8°, et 4 brochures in-12.

1423. **Médecine**. — Thèses pour la licence de la faculté de médecine, appartenant à divers auteurs et traitant de différentes maladies. Facultés de Paris et de Strasbourg. 1805 à 1874, liasse de 26 brochures in-4°.

1424. **Médecine**. — Thèses pour la licence de la faculté de médecine, par divers auteurs et traitant de différentes maladies. Facultés de Paris et de Strasbourg. 1809 à 1869, liasse de 26 brochures in-4°.

1425. **Médecine**. — Thèses pour la licence de la faculté de médecine, par divers auteurs et traitant de différentes maladies. Facultés de Paris et de Strasbourg, 1805 à 1869, liasse de 23 brochures in-4°.

1426. **Médecine**. — Thèses pour la licence de la faculté de médecine, par divers auteurs et traitant de différentes maladies. Faculté de Paris, 1809 à 1861, liasse de 11 brochures in-4°.

1427. **Médecine**. — Thèses pour la licence de la faculté de médecine, par divers auteurs et traitant de différentes maladies. Faculté de Paris, 1815 à 1866, liasse de 10 brochures in-4°.

1428. **Médecine**. — Thèses pour la licence de la faculté de médecine, par divers auteurs et traitant de différentes maladies. Faculté de Paris, 1814, 1815 et 1816, 3 brochures in-4°.

1429. **Vassy.** — Programme des exercices et des distributions de prix aux élèves du collège de Vassy. — Règlement, discours, etc. 1805 à 1875, liasse de 38 brochures in-8°.

1430. **Administration départementale** de la Haute-Marne. — Arrêtés du Directoire et extraits des délibérations. 1789 à l'an III, liasse de feuilles in-8°.
(Cette collection est très incomplète.)

1431. **Administration départementale** de la Haute-Marne. — Arrêtés du Directoire et de la préfecture, extrait des délibérations de l'an III à 1818, liasse de feuilles in-8°.
(Cette collection est très incomplète)

1432. **Administration départementale** de la Haute-Marne. — Rapports des préfets et procès-verbaux des délibérations du Conseil général de la Haute-Marne, concernant divers objets. 1844 à 1879, 37 vol. in-8°, rel. veau, et 11 vol. in-8°, brochés.

1433. **Agriculture.** — Bulletin de la Société d'agriculture et d'horticulture de la Haute-Marne 1840 à 1862, 1 vol. in-8°, broché.
(Incomplet.)

1434. **Agriculture.** — Bulletins et catalogues des concours régionaux et des congrès agricoles de la Haute-Marne. 1858 à 1875, 1 vol. in-8°, broché.
(Incomplet.)

1435. **Agriculture.** — Bulletins des sociétés d'agriculture des trois arrondissements de la Haute-Marne. 1873 à 1877, 1 vol. in-8°, broché.
(Incomplet.)

1436. **Agriculture.** — Bulletin des comices agricoles de la Haute-Marne. 1839 à 1877, 1 vol. in-8°, broché.
(Incomplet.)

1437. **Zootechnie.** — Annales de zootechnie et bulletin de la médecine-vétérinaire, par Darbot, conseiller général de la Haute-Marne. Langres, 1874, 1 vol. in-8°, en livraisons.
(Incomplet.)

1438. **Montier-en-Der.** — Statuts et règlement des courses et des haras de Montier-en-Der. Vassy, 1849 à 1863, 1 vol. in-8°, broché.

1439. **La Luzerne** (de), évêque de Langres. — Le catéchisme du diocèse de Langres. 1790, brochure in-12.

1440. **Orcet** (d'), évêque de Langres. — Le catéchisme du diocèse de Langres. 1825, brochure in-12.

1441. **Parisis**, Pierre-Louis, évêque de Langres. — Le catéchisme du diocèse de Langres. 1838, brochure in-12.

1442. **Dubreuil** (l'abbé). — Le catéchisme du diocèse de Langres, expliqué et développé. Langres, 1874, 1 vol. in-12, broché.

1443. **Lambert**, Lucie. — Souvenirs des chrétiens. Langres, 1827, brochure in-16.

1444. **Religion** (la). — Lettre pastorale des vicaires généraux du diocèse de Troyes à tous les curés. 1814, 1 vol. in-8°, broché.

1445. **Clergé** (le). — Examen de l'instruction sur l'organisation civile du clergé, brochure in-8°.

1446. **Langres.** — Hymnes à l'usage du diocèse de Langres. 1 vol. in-12, rel. veau.

1447 et 1448. **Noëls et cantiques** (Recueils de). Langres, 1808 et 1825, 3 brochures in-12.

1449. **Chemin de la Croix** (le). — Langres et Vassy, 1836 et 1866, 2 brochures in-12.

1450. **Langres**. — Mémoire pour Mgr de Montmorin, évêque de Langres, contre les chanoines et chapitre de Langres, au sujet des réparations de la cathédrale. Paris, 1767, brochure in-4°.

1451. **Langres**. — Contestation et mémoire, pour le chapitre de Langres, contre l'évêque, au sujet des réparations de la cathédrale de Langres. Paris, 1767, 1 vol. in-4°, broché.

1452. **Enseignement** (l'). — Les statuts et règlements des maisons d'enseignement de Pierrefaite, de Saint-Dizier, de Saint-Loup et de Vassy. 1839 à 1875, en feuilles in-4°.

1453. **Séminaire de Langres**. — Le catalogue de la bibliothèque du grand séminaire de Langres. Brochure in-8°.

1454. **Parisis**, Pierre-Louis, évêque de Langres. — Le cérémonial des églises du diocèse de Langres. 1840, 2 brochures in-12.

1455. **Parisis**, Pierre-Louis, évêque de Langres. — Instruction pastorale sur le droit divin dans l'église. Paris, 1846, 1 vol. in-8°, broché.

1456. **Parisis**, Pierre-Louis, évêque de Langres. — Lettre au duc de Broglie sur la liberté de l'enseignement. 1844, brochure in-4°, de 4 feuillets.

1457. **Reymond**, évêque de Dijon. — Ses discours à la fête nationale du 15 août de 1808 à 1812. 4 brochures in-8°.

1458. **Jubilé** (le). — Instructions sur le jubilé universel. 1775 à 1869, 5 brochures in-8°.

1459. **Feltz**. — Méthode, traité et manuel sur le plain-chant et la musique religieuse. Besançon, 1847 à 1862, 4 brochures in-12.

1460. **Couturier** (l'abbé). — Les programmes de la distribution des prix aux élèves de la maîtrise de la cathédrale de Langres. 1858 à 1875, liasse de 15 brochures in-8°.

1461. **Lacordaire**, dominicain. — Discours sur les puissances divines. Dijon, 1844, brochure in-8°.

1462. **La Luzerne** (de), évêque de Langres.— Lettres pastorales concernant le clergé catholique et l'administration du diocèse de Langres. 1791, 6 brochures in-4° et in-8°.

1463. **Parisis**, Pierre-Louis, évêque de Langres. — Instruction sur le chant de l'église. Paris, 1846, brochure in-8°.

1464. **Parisis**, Pierre-Louis, évêque de Langres. — Le cas de conscience devant l'enseignement catholique et la démocratie. Paris, 1849, 1 vol. in-8°, broché.

1465. **Parisis**, Pierre-Louis, évêque de Langres. — Le jubilé de Liège. Paris, 1846, brochure in-8°.

1466. **Parisis**, Pierre-Louis, évêque de Langres. — Les libres-penseurs désavoués par le simple bon sens. Paris, 1857, 1 vol. in-8°, broché.

1467. **Parisis**, Pierre-Louis, évêque de Langres.— Le Pape et le congrès. Paris, 1860, brochure in-8°.

1468. **Parisis**, Pierre-Louis, évêque de Langres. — Les puissances spirituelles et temporelles. Paris, 1860, brochure in-8°.

1469. **La Luzerne** (de), évêque de Langres.— Instructions sur l'excellence de la religion catholique. Paris et Lyon, 1786 et 1839, 2 vol. in-12, brochés.

1470. **Salut**. — La seule planche de salut. Saint-Dizier, 1875, brochure in-16.

1471. **Séminaire de Langres**. — Mémoires contre les PP. oratoriens de Langres, au sujet de l'administration et des droits desdits Pères. Paris, 1737 et 1738, 6 brochures in-folio.

1472. **Séminaire de Langres**. — Des quêtes et des distributions de prix du séminaire. 1821 à 1850, liasse de 15 brochures in-4° et in-8°.

1473. **Saint-Loup**. — Sermon de prise d'habit de la communauté de Saint-Loup. Langres, 1846, brochure in-8°.

1474. **Parisis**, Pierre-Louis, évêque de Langres. — La tradition et la raison. Paris, 1858, 1 vol. in-8°, broché.

1475. **Dubois**, évêque de Langres et de Dijon. — Ses mandements. 1820, 1821 et 1822, liasse de 11 brochures in-4°.

1476. **Guerrin**, Antoine, évêque de Langres. — Ses mandements. 1852 à 1872, liasse de 52 brochures in-4°.

1477. **La Luzerne** (de), évêque de Langres. — Ses mandements. 1770 à 1791, liasse de 8 brochures in-8°.

1478. **Mathieu**, évêque de Langres. — Ses mandements. 1833 et 1834, liasse de 13 brochures in-8°.

1479. **Montmorin** (de), évêque de Langres. — Ses mandements. 1734 à 1770, 3 brochures in-8° et in-12.

1480. **Orcet** (d'), évêque de Langres. — Ses mandements. 1824 à 1833, liasse de 46 brochures in-4° et in-8°.

1481. **Parisis**, Pierre-Louis, évêque de Langres. — Ses mandements. 1834 à 1852, liasse de 62 brochures in-4° et in-8°.

1482. **Raymond**, évêque de Langres. — Ses mandements. 1802 à 1820, liasse de 53 brochures in-8°.

1483. **Wandelaincourt**, évêque constitutionnel, député de la Haute-Marne. — Ses mandements. 1791 et 1802, 2 brochures in-8°.

1484 à 1494. **Langres**. — Le grand Ordo du diocèse de Langres, ou ordre à suivre pour l'office divin du diocèse de Langres, de 1740 à 1875, 9 vol. in-12 reliés et 44 brochures in-12.

1495. **Langres**. — Le petit Ordo du diocèse de Langres, ou ordre à suivre pour célébrer l'office divin du diocèse de Langres. 1861 à 1869, 9 vol. in-12, brochés.

1496. **Associations particulières**. — Manuel des associations particulières au cœur de Marie. Langres, 1855, 1 vol. in-12, broché.

1497. **Associations particulières** (les) au cœur de Jésus. Langres, 1836, 2 brochures in-12.

1498. **Associations particulières** (les). — Etat des paroisses associées et de leurs aumônes, à l'œuvre des pèlerinages, à l'œuvre de la propagation de la foi, à l'œuvre de la Sainte-Enfance et à celle de Saint-Vincent-de-Paul. 1850 à 1874, 4 liasses de brochures et de listes de divers formats.

1499. **Chemin de fer.** — Projet du chemin de fer du midi au nord, par Dijon, Langres, Neufchâteau et la Meuse, par Masson, avocat à Neufchâteau. 1853, brochure in-8°.

1500. **Chemins de fer.** — Discours à l'Assemblée nationale concernant la concession des chemins de fer, à la compagnie de Paris à Lyon et à la Méditerranée. — Paris, 1875, 1 vol. in-8°, broché.

1501. **Douanes.** — Tarifs des douanes et des traités de commerce. Saint-Dizier, 1875, 2 vol. in-8°, brochés.

1502. **Elections.** — Professions de foi des candidats, circulaires, pamphlets, etc., au sujet des élections législatives, départementales, cantonales et municipales. 1837 à 1875, une liasse de feuilles volantes et un vol. in-4°, rel. veau.

1503. **Exposition universelle** (l') de Paris, en 1878. — Règlement général et comité de l'exposition. Chaumont et Paris, 1878, 8 brochures in-4° et in-8°.

1504. **Guerre** (la) de 1870-1871. — Les Francs-tireurs de la compagnie Barotte. — Archives de ladite compagnie. — Ordres de la subdivision. — Equipement. — Service journalier et comptabilité. — Souscription en faveur des victimes de la ville de Nogent (Haute-Marne). 1870-1871, une liasse et 4 vol. in-4° et in-8°, reliés en toile.

1505 **Empire** (l'). — Exposé de la situation de l'empire. Saint-Dizier, 1867, brochure in-8°.

1506. **Exportation.** — Questionnaire sur le commerce de l'exportation. Saint-Dizier, 1874, brochure in-8°.

1507. **Haute-Marne.** — Mémoires sur la situation de l'industrie métallurgique du département de la Haute-Marne. Saint-Dizier, 1867, brochure in-8°.

1508. **Jury** (le). — Liste des jurés d'accusation et de jugement. 1792 à 1807, une liasse de trois listes, in-folio.

1509. **Chaumont** et **Langres**. — Discours prononcés dans les distributions de prix aux élèves des collèges de Chaumont et de Langres. 1803 à 1868, une liasse de 16 brochures in-8°.

1510. **Chaumont**. — Examen général, exercices publics et distribution des prix de l'école centrale de Chaumont. 1798 à 1803, liasse de 5 brochures in-8°.

1511. **Libre-échange** (le) et les acquits-à-caution. Saint-Dizier, 1868, 1 vol. in-8°, broché.

1512. **Orphelinats** (les). — Statuts et règlements des orphelinats de Courcelles-sur-Aujon, de Plongerot et de Villegusien. 1846 à 1873, en brochures et feuilles in-8°.

1513. **Chaumont**. — Comptes-rendus, statuts et règlement de la société de patronage de Chaumont. 1851 à 1873, 11 brochures in-8°.

1514. **Chaumont, Brachay** et **Langres**. — Comptes-rendus, statuts et règlements des sociétés de secours mutuels de Chaumont, de Brachay et de Langres. 1850 à 1876, 10 brochures in-8°.

1515. **Journal** (le) politique, littéraire et d'annonces du département de la Haute-Marne. Chaumont, 1810 à 1830, 6 cahiers in-4° et in-8°, incomplet, en feuilles.

(1re collection.)

1516. **Journal** (le) politique, littéraire et d'annonces du département de la Haute-Marne. Chaumont, 1823 à 1835, 2 vol. in-4° et 2 vol. in-folio, cartonnés, incomplet.

(2e collection.)

1517. **Journal** (le) politique, littéraire et des annonces du département de la Haute-Marne. Chaumont, 1810 à 1830, 3 cahiers in-4° et in-8°, incomplet, en feuilles.

(3e collection.)

1518. **Journal** (le) des affiches et des annonces judiciaires de l'arrondissement de Langres. Langres, 1840 et 1841, 1 cahier en feuilles in-4°, incomplet.

1519. **Journal** (le). — Le Courrier de la Haute-Marne. Chaumont, 1819 et 1820, en feuilles in-8°, incomplet.

1520. **Journal** (le) des affiches et des annonces judiciaires de l'arrondissement de Vassy. Vassy, 1819 à 1852, 9 cahiers in-8°, en feuilles, incomplet.

1521. **Administration départementale**. — Rapports des préfets et procès-verbaux des délibérations du Conseil général de la Haute-Marne sur divers objets. Chaumont, 1837, 1838 et 1839, 4 cahiers in-4°, brochés.

1522. **Administration départementale**. — Les comptes des recettes et des dépenses du département de la Haute-Marne. Chaumont, 1841 à 1875, 21 cahiers in-4°.

(Collection incomplète.)

1523. **Administration départementale**. — Les budgets primitifs et les suppléments de budgets des recettes et des dépenses du département de la Haute-Marne. Chaumont, 1843 à 1876, 67 cahiers in-4°, brochés.

(Collection incomplète.)

1524. **Lois**. — Recueil des lois, décrets et arrêtés du gouvernement. Paris, 1789 à 1794, 5 liasses in-4° et in-8°, en feuilles.

(Collections incomplètes.)

1525. **Préfecture.** – Bulletin des actes administratifs de la préfecture de la Haute-Marne. Chaumont, 1800 à 1865, 10 liasses in-12, en feuilles.
(Collection incomplète.)

1526. **Langres.** — La semaine religieuse du diocèse de Langres. Chaumont et Langres, 1866 à 1874, 3 liasses in-8°, en feuilles et brochures.
(Collection incomplète.)

CHAUMONT. — IMPRIMERIE ET LITHOGRAPHIE CAVANIOL.

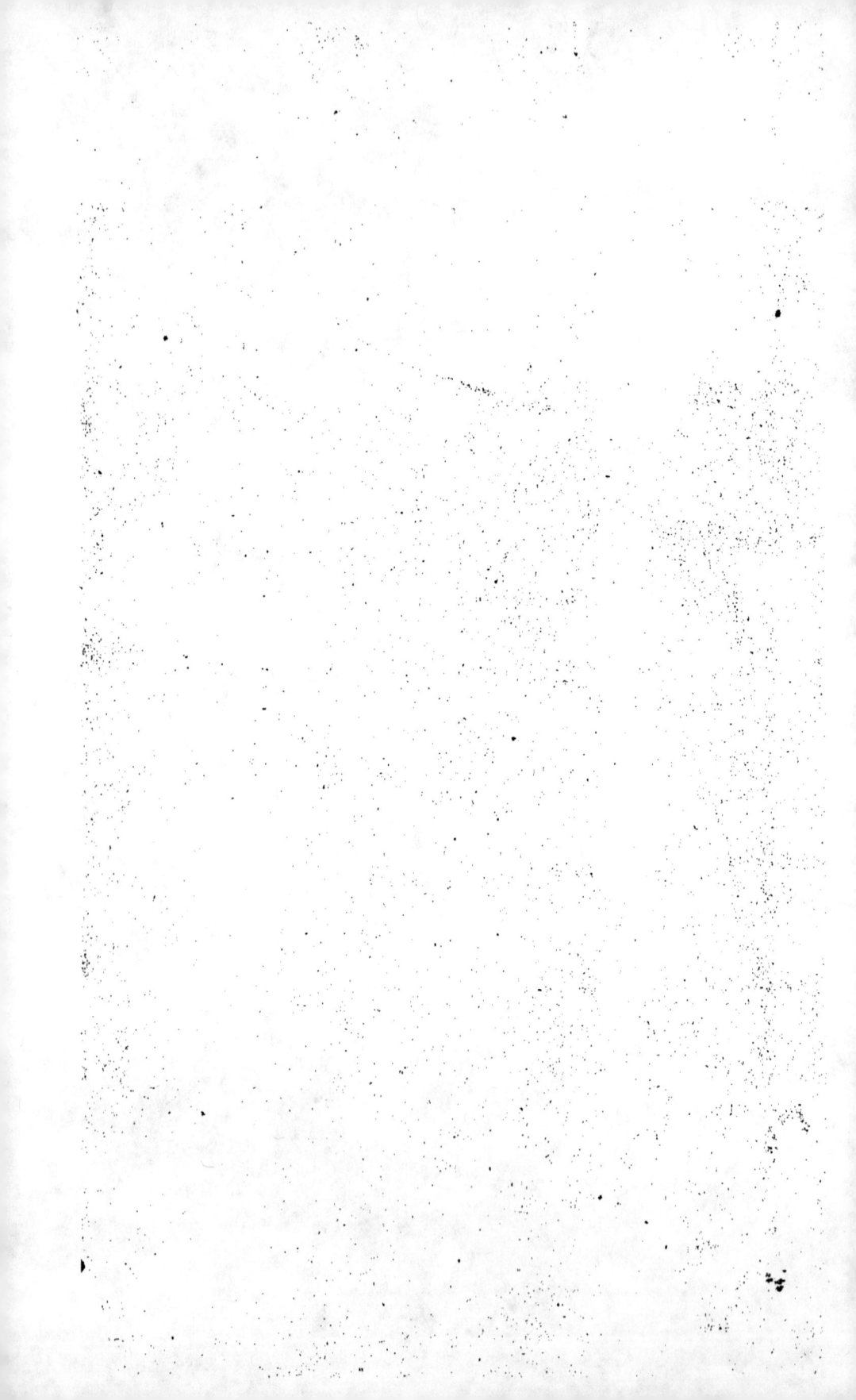

www.ingramcontent.com/pod-product-compliance
Lightning Source LLC
Chambersburg PA
CBHW070302290326
41930CB00040B/1831